本书受国家自然科学基金青年科学基金项目（调节焦点理论下领导纳谏的内涵及效应机制研究；72102055）资助。

本书受广西自然科学基金青年科学基金项目（领导纳谏对员工创新行为的影响研究：基于认知与情感的整合框架阐释；2021GXNSFBA220048）资助。

员工谏言对领导纳谏的影响研究

——基于认知评价理论视角

肖素芳◎著

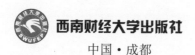

西南财经大学出版社

中国·成都

图书在版编目(CIP)数据

员工谏言对领导纳谏的影响研究:基于认知评价理论视角/肖素芳著.—
成都:西南财经大学出版社,2023.8
ISBN 978-7-5504-5759-1

Ⅰ.①员… Ⅱ.①肖… Ⅲ.①领导学—研究 Ⅳ.①C933

中国国家版本馆 CIP 数据核字(2023)第 082975 号

员工谏言对领导纳谏的影响研究——基于认知评价理论视角

YUANGONG JIANYAN DUI LINGDAO NAJIAN DE YINGXIANG YANJIU——JIYU RENZHI PINGJIA LILUN SHIJIAO

肖素芳 著

责任编辑:王 琴
助理编辑:马安妮
责任校对:高小田
封面设计:墨创文化
责任印制:朱曼丽

出版发行	西南财经大学出版社(四川省成都市光华村街 55 号)
网　　址	http://cbs.swufe.edu.cn
电子邮件	bookcj@ swufe.edu.cn
邮政编码	610074
电　　话	028-87353785
照　　排	四川胜翔数码印务设计有限公司
印　　刷	郫县犀浦印刷厂
成品尺寸	170mm×240mm
印　　张	12.5
字　　数	204 千字
版　　次	2023 年 8 月第 1 版
印　　次	2023 年 8 月第 1 次印刷
书　　号	ISBN 978-7-5504-5759-1
定　　价	68.00 元

前言

　　快速发展变化的社会环境以及高度竞争的商业环境使得企业要想成功地发展和竞争，就必须创造新的想法、不断学习并适应新的环境。这种适应和提升的能力，通常取决于员工以改善组织现状为导向持续并主动付出的努力。员工谏言就是这样一种主动性行为，它是指员工对与工作有关的问题进行的建设性意见表达。长期以来，员工谏言被认为是高质量决策和组织有效性的关键驱动因素之一，它对组织来说有诸多好处，如促进有效决策、增强团队学习能力、改进工作流程和创新、提高组织绩效、识别潜在问题等。鉴于谏言能够给组织带来如此多的积极效应，以往研究大多关注促进或阻碍谏言的影响因素，却忽视了领导者是否会接纳员工提出的想法和意见（领导纳谏）。因为如果领导者不予采纳，谏言的积极作用将无法发挥出来，因此领导者广开言路、虚怀纳谏、从谏如流等行为对组织的生存和长远发展有着非常关键的作用。谏言与纳谏相辅相成，领导纳谏与否往往在很大程度上决定事业的成败，但并不是所有领导者都愿意纳谏。尽管以往对谏言的研究衍生了领导者对谏言的反应研究，但这方面的研究极其有限且研究结论不一致，目前学术界对领导纳谏的具体内涵的认识还有待提升，领导纳谏尚无清晰统一的定义。另外，现有文献对员工谏言与领导纳谏之间的关系没有给予足够的重视，然而员工谏言与领导谏言反应之间的关系值得进一步研究。也就是说，我们有必要深入探讨员工谏言与领导纳谏关系的中介机制和边界条件。目前，对领导谏言反应的少量研究，或缺乏理论基础，或理论基础较为单一，我们亟须用更多的理论视角来解释领导者对谏言的反应。鉴于此，本书的研究目的在于探讨领导纳谏的具体内涵，以及当面对员工谏言时领导者为何及何时会纳谏。具体来说，本书将清晰定义领导纳谏的概念内涵并开发对应测量量表，探讨员工谏言（促进性谏言和抑制性谏言）为何以及何时会导致领导纳谏。

本书将领导纳谏定义为领导者对员工谏言的一种认知评估过程，它是领导者对员工谏言的积极反应，具体指领导者在何种程度上对员工谏言给予额外的关注与资源支持，鼓励员工谏言，征求与听取员工意见、建议或想法，对员工的意见、建议或想法进行分析和评判，并将合理的意见、建议或想法在实际工作中加以实施的过程。根据这一定义，本书首先采用开放式问卷法和访谈法来收集定性研究的原始资料，共收集496条领导纳谏的行为事例；其次通过质性编码的方法进行开放式编码和范畴编码以形成概念向度；最后根据概念向度对496条行为事例进行反向编码和归类，并进行条目合并与优化。定性研究的分析结果表明，领导纳谏是一个"求、听、评、纳"的认知评估过程，是一个包含"求、听、评、纳"4个方面的单维度结构构念，共包含13个初始题项。随后，本书进行了探索性因子分析、验证性因子分析、区分效度检验和效标效度检验。分析结果表明，本书开发的领导纳谏测量量表具有良好的信度和效度，可以运用于后续的实证研究。

本书基于认知评价理论构建了领导纳谏的实证模型，以探讨员工谏言（促进性谏言和抑制性谏言）为何以及何时会引起领导纳谏。领导纳谏是领导者对员工谏言的一种反应。在与员工进行信息互动时，领导者会先评估员工提供的信息，再决定是否采纳员工谏言。员工谏言作为一种改善组织、挑战现状、要求管理者做出改变的行为，势必需要领导者付出大量的时间和精力，这易使领导者产生一定的压力。事实上，任何帮助行为都混合着支持和威胁两种成分，员工谏言所同时具有的建设性和挑战性特质也使其自带支持和威胁两种成分，从而导致领导者对谏言行为产生正面反应或负面反应。认知评价理论表明，认知评估是个体对压力事件及其对自身潜在影响的评价过程，主要聚焦于意义或重要性，分为初次评估和二次评估。初次评估是指个体评估压力事件是否会损害自我幸福感；二次评估是指个体对如何应对该压力事件的评估。另外，情绪是个体感知到刺激事件对自己有益或有害之后的反应，知觉和认知是刺激事件与情绪反应之间必需的中介物。员工谏言作为领导者所面临的一种压力，会引发领导者对员工谏言的评估。当员工谏言被认为能够促进领导者学习和成长、增强其个人幸福感时，领导者则会做出挑战性评估；反之，当员工谏言被认为会阻碍领导者个人成长、降低其个人幸福感时，领导者则会做出阻碍性评估。挑战性评估能够增加领导者的心流体验，从而促进领导纳谏；而阻碍性评估则会减少领导者的心流体验，从而抑制领导纳谏。

本书的研究结果具有重要的理论意义和实践启示。本书的理论意义如下：①本书以领导者为中心对领导纳谏进行了探索。本书在前人研究基础上提出领导纳谏这一新构念，将领导纳谏作为一个独立变量和中心变量，整合现有文献中有关纳谏的研究内容，选取认知评价理论视角对领导纳谏的概念内涵进行了清晰界定，认为领导纳谏是领导者对员工谏言的认知评价过程，并据此编制了适合中国文化情境的测量量表，这有利于后续研究的进一步推进。②本书从压力视角探索员工谏言与领导纳谏之间的关系，为员工谏言和领导纳谏的相关研究开拓了新的视角，丰富了目前员工谏言与领导纳谏的理论和相关研究，为后续研究奠定了一定的理论基础。③本书基于认知评价理论探讨了员工谏言对领导纳谏的影响机制。由于谏言会消耗领导者资源，对领导者来说可能是一种压力，因此认知评价理论可以为员工谏言与领导纳谏之间的关系提供很好的理论支撑。本书基于认知评价理论，从心理学、管理学和沟通学等多角度探讨了领导纳谏的心理过程，拓展了员工谏言与领导纳谏之间关系的理论基础，也延伸了认知评价理论的理论框架，丰富了谏言和纳谏的理论及研究结论。本书的实践启示如下：①对于员工而言，在工作中可以积极谏言，但最好采用促进性的属性框架；在领导者处于积极状态和情绪时的谏言更可能获得领导者的积极反应；在工作中，员工应积极发展与领导者的社会交换关系，缩小与领导者之间的关系距离等。②对于领导者而言，在工作中要做好情绪管理，尽可能地保持积极状态；面对员工谏言时要理性对待，谨慎评估，不要因为自己的情绪状态和情感喜好而忽略有用信息，从而造成不必要的损失。

肖素芳

2023 年 6 月

目录

第一章　绪论

第一节　研究背景与意义

一、研究背景

快速发展变化的社会环境和高度竞争的商业环境使得组织要想发展，就必须创造新的想法、不断学习并适应新的环境。这种适应和提升的能力，通常取决于员工以改善组织现状为导向持续并主动付出的努力（Burgelman，1983；Morrison et al.，2000）。员工谏言就是一种员工主动改善组织现状的行为，它是指员工对与工作有关的问题进行的建设性意见表达（Tangirala et al.，2008）。长期以来，员工谏言被认为是高质量决策和组织有效性的关键驱动因素之一（Burris，2012；段锦云 等，2017；许黎明 等，2018），它能够促进有效决策（LePine et al.，1998）、识别潜在问题（Morrison et al.，2000）、帮助组织提高适应竞争性商业环境的能力（Dutton et al.，1993）。鉴于谏言能够给组织带来如此多的积极效应，以往研究大多关注促进谏言或阻碍谏言的影响因素（Chamberlin et al.，2017；Farh et al.，2018；Hussain et al.，2019），却忽视了领导者是否会接纳员工提出的想法和意见（领导纳谏）。谏言与纳谏往往相辅相成，谏言作为一种沟通性行为（Morrison，2011），其本身并不会发挥作用，只有被谏言对象（本书指员工的直接上级）听取、认可并执行，才能使其积极作用充分发挥出来。作为员工谏言的对象，领导者控制了关键性资源并拥有采取行动的权力（Detert et al.，2007），因而组织领导者广开言路、虚怀纳谏、从谏如流等行为都对组织的生存和长远发展有着非常关键的作用。

事实上，学者们对员工谏言的研究已经衍生了一些领导者对谏言的反应研究。例如，一些学者提出，员工会因为谏言而获得补偿，因为他们对组织的额外投入使得领导者认为自己有义务回报他们对组织发展的付出（Van Dyne et al.，1998；Podsakoff et al.，2000）；也有学者认为，由于谏言的挑战性，谏言员工可能会受到潜在的负面影响，包括被贴上"麻烦制造者"的标签、损害人际关系以及得到负面的绩效评估等（Morrison et al.，2000；Milliken et al.，2003）。但是这方面的研究极其有限且结论不一致，这表明我们对领导谏言反应的认知尚不足，谏言与领导谏言反应之间的关系值得我们进一步研究。也就是说，我们有必要深入探讨员工谏言与领导谏言反应关系的中介机制和边界条件，从而得以回答这样一个问题——为什么员工谏言在某些条件下会获得积极反应，而在某些条件下会获得消极反应？近年来，学者们开始关注这个问题。例如，当谏言员工有着更多的亲社会动机以及较少的消极情绪特质时，员工谏言与上级积极评价之间存在更强的关系（Grant et al.，2009）；谏言信息和谏言者特征以及谏言被传递的情境等因素也会影响谏言接收者对谏言的反应（Whiting et al.，2012）；另外，Burris（2012）的研究表明，管理者对员工谏言的反应还取决于谏言的内容，即相对于支持性谏言，挑战性谏言更可能导致管理者产生较低的接受度以及较低的绩效评价。

尽管现有研究为领导纳谏研究提供了一些非常有用的视角，但我们对领导纳谏过程的认知是非常有限的，依然存在很多的问题需要我们进一步研究。首先，由于目前学者们对领导纳谏的研究有限，学术界对领导纳谏这一构念缺乏统一清晰的定义，并且没有完全贴合构念内涵的测量工具。为了更好地理解领导纳谏，我们将领导纳谏定义为一种认知评估过程，它是"领导者对员工谏言的积极反应，具体指领导者在何种程度上对员工谏言给予额外的关注与资源支持，鼓励员工谏言，征求与听取员工意见、建议或想法，对员工意见、建议或想法进行分析和评判，并将合理的意见、建议或想法在实际工作中加以实施的过程"（Burris，2012；He et al.，2014；Janssen et al.，2015）。根据这一定义，我们将开发领导纳谏的测量量表，为后续研究奠定基础。

其次，员工谏言影响领导纳谏的心理过程需要得到更深入的探讨。正如前文所述，领导者并不总是会采纳员工谏言，那么他们究竟为何以及何时会采纳员工谏言呢？员工谏言挑战了组织现状，要求领导者做出改变，这对领导者来说是一种压力。从谏言的压力视角出发，本书将基于认知评价理论（cognitive appraisal theory）对该问题做出相应解释。认知评价理论（Lazarus et al.，1984）指出，认知评估是个体对压力事件及其对自身潜在影响的评价过程，主要聚焦于意义或重要性，分为初次评估和二次评估。初次评估是指个体评估压力事件是否会损害自我幸福感，二次评估是指个体对如何应对该压力事件的评估。因此，评估和应对是认知评价理论的核心。另外，Lazarus（1991）指出，情绪是个体感知到刺激事件对自己有益或有害之后的反应，这是一个复杂的概念化评价过程。Arnold（1960）提出，知觉和认知是刺激事件与情绪反应之间必需的中介物。因而本书提出，领导者对员工谏言的评估能够成为员工谏言与心流（psychological flow）之间的中介机制。当员工向领导者进行促进性谏言时，他们会提出创新性想法或改善建议，领导者可能会将该行为评估为对自己是有益的或有用的，因为它给领导者提供了学习和成长的机会，帮助领导者提高决策质量和管理效能（Van Dyne et al.，1998），因而领导者会对其做出挑战性评估，进而产生心流体验，引发纳谏反应。然而，抑制性谏言可能让领导者认为这是一种威胁或阻碍，因为抑制性谏言传递的信息可能让领导者觉得下属在质疑其管理能力，或可能会影响其既定目标的实现，领导者需要花费时间和其他各种资源来应对（Fast et al.，2014），因而领导者会对其做出阻碍性评估，进而减少心流体验的产生，减少纳谏。

最后，深入了解影响领导纳谏评估过程的边界条件也是非常必要的。在某些条件下，领导者更可能会将员工谏言评估为挑战性因素，而在某些条件下更可能将其评估为阻碍性因素。Lazarus 等人指出，面对相同情境，同一评估者可能对不同对象拥有不同反应或反应程度不同，因为不同对象对个体来说具有不同意义，而这种意义是由个体通过认知评估来解释的（Lazarus et al.，1984；Lazarus，1991）。员工谏言与领导纳谏是上下级之间的一种有效沟通，是一种关系的互动，因此领导者与员工之间的互动关系因素会影响领导者对员工谏言的评估（Morrison，2011）。领导者对员工的喜欢就是这样一种重要的互动关系，它会对领导者对员工谏言的初次评估产生重要影响。具体来说，本书认为员工谏言类型对领导者评估的影响会因领导者对员工的喜欢程度而异：如果领导者喜欢该员工，则可能对员工谏言做出挑战性评估；反之，如果领导者不喜欢该员工，则更可能对员工谏言做出阻碍性评估。

综上所述，尽管目前学者们对谏言结果（如绩效评价、谏言认可等）的相关研究可以为领导纳谏研究提供一定的理论视角，但这些研究很少将领导者这一主体放在研究问题的中心，员工谏言与领导纳谏之间的关系需要更深入地探讨。鉴于此，本书的主要目的在于对领导纳谏的内涵做出清晰定义并编制相应的测量量表，同时，基于认知评价理论探讨员工谏言对领导纳谏的影响机制，即在面对员工的促进性谏言或抑制性谏言时，领导者将以什么样的心理评价过程影响其最终的纳谏行为，且这个评价过程又会受到什么因素的影响。

二、研究意义

（一）理论意义

领导纳谏是一个全新的概念，以往研究的焦点更多在员工，考虑到以追随者为主导的谏言机制，即使有少量研究涉及对领导纳谏的探讨，但相关构念（如征求谏言、谏言认可、谏言执行等）各有侧重，并不能完全反映出领导纳谏的内涵。目前，学术界并没有一个关于领导纳谏的清晰定义，现有少量研究则是借用西方有关谏言认可的概念来对谏言采纳进行定义，并沿用其测量工具，这严重阻碍了我们对领导纳谏的理解。本书以领导者为中心，用领导者采纳员工谏言这一关键行为，清晰界定了领导纳谏的定义，同时通过定性和定量相结合的方式开发了其测量量表，有利于后续研究的进一步推进。另外，本书基于认知评价理论探讨了员工谏言对领导纳谏的影响机制，具体包括挑战性评估、阻碍行评估和心流的中介作用，领导者对员工的喜欢程度对认知评价过程的调节作用，这拓展了员工谏言与领导纳谏之间关系的理论基础，为我们理解领导纳谏的影响因素开拓了新的视角；对边界条件的探讨拓展了认知评价理论的框架范围，也为我们更加全面地理解领导纳谏的影响因素提供了理论依据。

（二）现实意义

社会环境日新月异，任何单打独斗的个体都将很难再适应这个飞速发展的时代，因此集体的智慧显得尤为重要。作为群体或团队的管理者，领导者们如何纳谏，并将集体智慧运用于组织运营中，这对组织的生存和发展有着至关重要的作用。领导纳谏能够提高领导决策的准确性（Yaniv et al., 2012），也能够强化下属的积极心理感知，如谏言效能感、地位感等，进而影响其后续谏言行为（Janssen et al., 2015; 章凯 等，2020）。领导纳谏行为在组织中日益显著的作用，使得关于领导纳谏的学术研究具有一定的现实意义。本书对领导纳谏的概念内涵进行了深入探讨，研究结论能够为管理实践提供指导，即领导者们可以从哪些方面入手进行纳谏，从而更好地获取对组织有利的意见和建议。另外，本书还基于认知评价理论且通过实证研究探讨并验证了员工谏言为何以及何时会引起领导纳谏，论证结果可以让员工了解何时谏言才最有利，也可以引起管理者对纳谏过程的重视，从而更为理性地对待员工谏言。

第二节　研究内容、思路与方法

一、研究内容

本书旨在探索领导纳谏这一构念的具体内涵和结构维度，从而形成测量量表，并基于认知评价理论探讨员工谏言对领导纳谏的影响机制，具体内容如下：

（1）探索领导纳谏的具体内涵和结构维度，开发领导纳谏测量量表。领导纳谏在我国自古以来就广泛存在，但其更多用于研究中国古代历代君主的统治风格，近年来开始受到组织行为领域学者的关注。但研究者更多沿用西方关于领导谏言反应相关的概念，并不能完全解释领导纳谏的具体内涵，因而目前学术界对领导纳谏没有完全清晰的定义以及可靠的测量工具。本书以领导者为中心，探讨领导纳谏的具体内涵，清晰界定其定义，同时通过定性和定量相结合的方式开发测量量表。

（2）基于认知评价理论探讨领导者为什么会纳谏，即员工谏言与领导纳谏关系的中介机制。我们时刻对身边发生的事件进行认知评估，从而做出相应的情绪和行为反应。员工谏言与领导纳谏是员工与领导者之间的互动，领导者需要消耗自身资源来应对员工谏言，但并不是所有领导者都有足够的资源来应对员工谏言。Burris（2012）也提出员工谏言会使领导者产生一种威胁感知，因而员工谏言可以被认为是领导者面临的一种压力。当领导者面对员工谏言这一压力事件时，会对员工谏言做出挑战性评估或阻碍性评估，从而增加或减少心流体验，最终做出是否纳谏的决策。

（3）在认知评价理论的整体框架下探讨影响领导认知评价过程的因素，即员工谏言与领导纳谏关系的边界条件。认知评价理论表明，个体会对那些与自身相关的事件进行多次不间断的评价，评价者会利用自身的认知资源以及收集到的各种信息进行再评价（李超平 等，2019）。领导者对员工的喜欢程度不同会使得其对员工谏言的评估也不同。领导者越喜欢该员工，越会认为其谏言是对自己的支持，越会将谏言者的谏言动机感知为亲社会动机（Whiting et al., 2012），从而使得促进性谏言与挑战性评估之间的正向关系越强，促进性谏言与阻碍性评估之间的负向关系越强，抑制性谏言与挑战性评估之间的负向关系越弱，抑制性谏言与阻碍性评估之间的正向关系越弱。另外，本书还将构建被调节的中介作用模型，分析挑战性评估与阻碍性评估在促进性谏言和抑制性谏言与心流之间的中介效应，是否会受到领导者对员工的喜欢程度的影响。

二、研究思路

本书共分为四个部分：第一部分是对主要研究构念（员工谏言和领导纳谏）进行文献回顾，并进行述评，形成文献综述。第二部分和第三部分为论文的主要研究内容，其中第二部分为领导纳谏构念的量表开发，包括定性研究和定量检验两个主要内容；第三部分为员工谏言对领导纳谏的影响关系实证研究，主要内容包括基于认知评价理论构念研究模型，通过问卷调查法收集相关数据并对研究假设进行检验。第四部分则是对前文的讨论和总结，并在前文讨论和总结的基础上得出理论意义和实践启示，同时探讨本书的局限性和未来研究方向。本书的研究思路如图 1-1 所示。

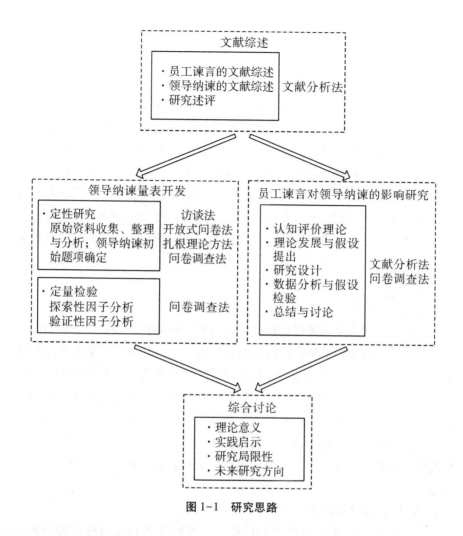

图 1-1　研究思路

三、研究方法

根据研究目的和内容，本书采用了定性分析与定量检验相结合的方法，具体研究方法如下：

（一）文献分析法

文献分析法是指对收集到的某个研究主题的文献资料进行分析，以形成核心构念（员工谏言与领导纳谏）的文献综述，得出本书的研究目的和基本内容。笔者通过各种中英文数据库和网站，如中国知网、EBSCO、SAGE、谷歌学术、Sci-Hub 等，搜索关于员工谏言和领导纳谏的文献资料，对其概念、结构维度、影响因素或影响结果进行归纳整理，最终形成文献综述，并做出相关述评，总结以往研究的不足，进而得出本书的研究目的和研究内容。

（二）访谈法

访谈法是指与被访谈者面对面就某个方面的问题进行交流，以获取相关信息的方法，被访谈者在访谈者的引导下就某个问题表达自己的想法和观点。前期需要编制好访谈提纲，联系好被访谈人员，安排好其他访谈事宜。本书拟通过对企业管理者和员工（合计约 20 人）进行访谈以获取领导纳谏的行为事例，通过对访谈录音进行文字化转码，从中编码出与纳谏行为事例相关的语句，并对其进行编号，然后进行三轮归类，结合文献分析和开放式问卷所获得的资料，形成领导纳谏的初始题项。另外，我们通过访谈法可以对研究变量之间的关系形成初步认识，完善理论模型，收集数据资料。

（三）开放式问卷法

开放式问卷法是指通过设计开放式问题让被调查者按照自己的意愿自行构思进行回答，以获取有用信息的一种方式。这种方法一般在探索性研究中使用得比较多。本书采用开放式问卷法主要是为了获取领导纳谏的行为事例，请被调查者列举 2～5 个具体事例来描述领导纳谏具体有哪些行为。本书拟通过对 150 位企业员工发放开放式问卷，获取后续质性分析数据。我们将对开放式问卷获取的领导纳谏行为事例进行编号，然后进行三轮编码和归类，最终结合文献分析和访谈法获得的资料，形成领导纳谏初始题项。

（四）扎根理论方法

在开发领导纳谏测量量表的过程中，我们会用到扎根理论的编码技术。本书首先通过开放式问卷、访谈等收集质性资料；其次运用编码方法对收集到的原始资料进行开放式编码，获得初始类别，在此基础上结合本书对领导纳谏的定义以及纳谏的相关构念，对初始类别进行概念层次的合并，从而归纳出纳谏的概念维度；再次根据所得出的概念维度对所有条目进行反向归类，并对各个维度下的条目进行整合优化；最后提出能够代表全部实地资料和实际现象的简要陈述（对每个条目提取主要特征），并结合文献分析所获得的相关材料形成初步量表。

（五）问卷调查法

问卷调查法是组织行为研究中使用最为普遍和广泛的方法之一，本书通过设计封闭式问卷对变量之间的关系进行定量分析。首先，我们将设计领导纳谏初始题项问卷并进行问卷的发放与回收，对通过质性分析所获得的领导纳谏初始量表进行探索性因子分析，查看领导纳谏量表的信度以及提取的主成分等内容，进行初始问卷的验证，并根据结果对题项进行一定程度的调整；其次，对通过探索性因子分析的量表再次进行问卷设计，此次调查问卷的题项内容包括领导纳谏、与领导纳谏相似的其他构念、领导纳谏量表效标效度的构念等，进行领导纳谏量表的验证性因子分析、区分效度检验以及效标效度检验等；最后，在实证模型检验部分，我们将根据研究模型中的研究变量设计问卷，这部分将采用领导—员工配对问卷，因而分为领导问卷和员工问卷，以检验研究变量之间的相关关系，验证研究假设。

相关的研究方法和具体说明如表1-1所示。

表1-1 研究方法和具体说明

研究方法	说明
文献分析法	目的：形成对核心构念如员工谏言、领导纳谏的文献综述，并进行文献述评，得出本书的研究目的和基本内容 对象：国内外相关文献 方法：从中英文数据库，如中国知网、EBSCO、SAGE等数据库中检索文献，然后进行归纳整理
访谈法	目的：获取领导纳谏的行为事例，并对研究变量之间的关系形成初步认知 对象：企业员工，包括管理者和基层员工两类（初步计划为20人左右） 方法：设计访谈提纲，与访谈对象沟通交流，并对访谈进行录音，以便后续编码使用
开放式问卷法	目的：获取领导纳谏的行为事例 对象：企业员工，计划人数为150人左右 方法：设计开放式问卷，通过问卷星进行发放和回收问卷
扎根理论方法	目的：通过深度访谈和开放式问卷获取定性数据，运用三级编码方法对所涉及的关键行为进行界定，形成初步题项 对象：访谈和开放式问卷获取的定性数据 方法：三级编码
问卷调查法	目的：对领导纳谏进行区分效度检验、效标效度检验，并检验研究假设 对象：企业在职员工及其直接上级 方法：设计调查问卷（分为员工问卷和领导问卷），发放并回收，采用SPSS、Mplus等软件进行数据分析

第三节　主要创新点

本书基于认知评价理论探讨了员工谏言对领导纳谏的影响机制，主要创新点如下：

第一，对领导纳谏做出清晰定义并开发领导纳谏测量量表。领导纳谏在企业中广泛存在，但以往的研究更关注员工谏言，讨论员工谏言对企业的重要性，探索员工谏言的影响因素，它们更多基于员工视角，考虑以追随者为主导的谏言机制，而忽视了谏言接收者（员工的直接上级领导）的反应。事实上，领导纳谏与员工谏言相辅相成，只有领导者接受了员工的建议，员工谏言才能发挥功效。但以往的研究缺乏对领导纳谏的关注，使得我们对其概念认识不足。本书通过扎根理论方法以及问卷调查的定量方法对领导纳谏这一构念进行结构维度开发，帮助我们深入了解领导纳谏这一构念的概念和内涵，为后续研究奠定重要基础。

第二，从压力的视角探讨员工谏言。员工谏言是旨在改善组织现状，就与工作相关的问题提出建设性意见的行为。最初，学者们认为谏言是员工对不满意的主动反应之一，即 EVLN 模型（exit-voice-loyalty-neglect）。随着研究的深入，学者们开始将员工谏言定义为一种组织公民行为，Van Dyne 及其同事区分了亲和合作型组织公民行为和挑战型组织公民行为之间的区别，认为员工谏言是一种挑战型组织公民行为（Van Dyne et al., 1995；Van Dyne et al., 1998）。无论从上述哪个视角出发，员工谏言都被认为是一种积极主动、对组织发展和运营有利的行为。但是从领导者角度来看，作为接收者，员工谏言对领导者来说可能是一种压力。一方面，促进性谏言可能是高度创新的，会带来一些不受欢迎的变化（如增加工作量等）（Liang et al., 2012），这些都需要领导者付出大量的时间和精力来进行处理，而且谏言的执行和落实也需要领导者投入大量的资源；另一方面，抑制性谏言直接对他人或权威提出挑战，它可能会破坏人际关系（Frese et al., 2001），使领导者产生一种威胁感知（Burris, 2012），因而会给其造成压力。总的来说，员工谏言与领导纳谏是员工与领导者之间的互动，领导者需要消耗自身资源来加以应对，但并不是所有领导者都有足够的资源来应对员工谏言，因而员工谏言可以被认为是领导者面临的一种压力。以往的研究更多从员工和组织视角将员工谏言作为一种积极行为，而忽视了领导者对员工谏言的评估，本书从领导者压力的视角对谏言进行探讨，拓展了有关谏言的研究，也为后续研究开拓了新的视角。

第三，基于认知评价理论探讨员工谏言对领导纳谏的影响机制，具体包括挑战性评估/阻碍性评估和心流的中介作用以及上级喜欢的调节作用。以往大多数研究都是基于谏言具有积极性这一假设而进行的，却忽略了管理者在谏言积极性发挥过程中的重要作用。尽管谏言具有改善组织效能这一积极特性，但并不是所有的谏言都会被采纳。认知评价理论表明，人们会对身边的刺激事件不断进行评估，对与自己相关的事件做出挑战性或阻碍性判断，进而引发相应的情绪反应，并做出应对。因而本书探讨了挑战性评估、阻碍性评估与情绪在员工谏言与领导纳谏之间的中介作用。另外，领导者与员工的关系互动等因素会影响领导者对员工谏言的评价，因而本书探讨了领导者对员工的喜欢程度对领导认知评价过程的调节作用。现有研究多从说服理论（魏昕 等，2014；易洋 等，2015）以及"评判者—建议者系统"的经典研究范式（段锦云 等，2013；卜楠 等，2015）出发，探讨影响领导者采纳谏言或决策者建议采纳的影响因素。本书基于认知评价理论构建研究模型，拓展了员工谏言与领导纳谏之间关系的理论基础，也为我们理解领导纳谏的影响因素开拓了新的视角。

第二章　文献综述

本章主要对员工谏言与领导纳谏这两个关键构念进行文献回顾和述评。对于员工谏言：第一，回顾了谏言的概念与研究脉络；第二，概述了谏言的维度与测量；第三，从谏言者因素、领导者因素（谏言接收者）和情境因素三个方面对谏言的影响因素进行了回顾；第四，从个体层面和团队或组织层面两个方面对谏言的影响结果进行了综述。对于领导纳谏：第一，对领导纳谏的概念及相关概念进行了概述与分析；第二，对目前存在的有关领导纳谏的测量方式进行了总结；第三，回顾了领导纳谏研究的理论基础；第四，从谏言者因素、决策者因素、谏言特点以及情境因素四个方面对领导纳谏的影响因素进行了归纳整理；第五，对领导纳谏的影响结果进行了综述。最后，本章在前文文献综述的基础上进行了文献述评，提出了现有研究存在的不足，进而得出本书的研究内容。

第一节　员工谏言文献综述

一、谏言的概念和研究脉络

（一）谏言的概念和特点

关于谏言的文献显示，学者们对谏言的概念都提出了自己的看法。例如，Van Dyne 和 LePine（1998）将谏言定义为"旨在改善现状，强调表达建设性挑战而不仅仅是批评的促进性行为"。Van Dyne、Ang 和 Botero（2003）认为，谏言是"有意表达而不是隐藏有关工作改进的想法、信息和意见"。Premeaux 和 Bedeian（2003）则表述得更为具体，他们认为谏言是指"公开陈述自己对工作场所事件的看法或意见，包括他人的行动或想法，建议或需要的改变，以及解决工作相关问题的替代性方法或不同的思考方式等"。Detert 和 Burris（2007）也指出，谏言是指"自愿向组织内有权力采取行动的人提供旨在改善组织运作的信息，即使这些信息可能会挑战并扰乱组织及其权力拥有者的现状"。Tangirala 和 Ramanujam（2008）则认为，谏言是"员工针对工作相关问题表达具有挑战性但同时具有建设性的意见、关注或想法"。Morrison（2011）将谏言定义为"就工作相关问题自愿表达，旨在改善组织或单位运作的想法、建议、关注或意见"。谏言的内容非常广泛，它可以是改善的建议方式（Van Dyne et al.，1998）、与组织或工作相关的问题（Milliken et al.，2003）、不公平情境（Pinder et al.，2001）以及不道德行为（Miceli et al.，2009）或者重要的战略问题（Dutton et al.，1993）等。Liang、Farh C I C 和 Farh J L（2012）将谏言行为定义为发生在人际环境中的一种有意的、有计划的行为，他们认为谏言行为可以分为两个维度：促进性谏言和抑制性谏言。Maynes 和 Podsakoff（2014）则认为，谏言行为是个体向组织内专注于影响工作环境的个体所做出的自愿且开放的沟通行为，他们认为谏言行为有几个重要属性：①谏言行为是由个体员工表现出来的；②谏言行为不是沉默的、匿名的或中立的（Hirschman，1970）；③谏言行为明确表明了员工相对于现状的立场；④由于组织中的其他人可能不同意谏言员工的立场，谏言可能会损害工作中的人际关系（LePine et al.，1998；Van Dyne et al.，1998）。尽管谏言往往是口头表达的，但它不一定局限于口头表达行为，它还包括诸如发送邮件和写备忘录等行为（Withey et al.，1989）。另外，不是所有的表达行为都是谏言行为，要被认定为谏言行为，该表达必须是公开沟通的、与组织相关的、聚焦于影响工作环境以及被组织内的某个个体所接收的（Maynes et al.，2014）。因此，向管理者提供改进建议和意见属于谏言行为，而向监管机构通报该组织的不当行为或在意见箱中放置匿名信件则不属于谏言行为。员工谏言的概念内涵如表 2-1 所示。

表 2-1　员工谏言的概念内涵

文献来源	具体定义
Van Dyne 和 LePine（1998）	旨在改善现状，强调表达建设性挑战而不仅仅是批评的促进性行为
Van Dyne、Ang 和 Botero（2003）	有意表达而不是隐藏有关工作改进的想法、信息和意见

表2-1（续）

文献来源	具体定义
Premeaux 和 Bedeian（2003）	公开陈述自己对工作场所事件的看法或意见，包括他人的行动或想法，建议或需要的改变，以及解决工作相关问题的替代性方法或不同的思考方式等
Detert 和 Burris（2007）	自愿向组织内有权力采取行动的人提供旨在改善组织运作的信息，即使这些信息可能会挑战甚至扰乱组织及其权力拥有者的现状
Tangirala 和 Ramanujam（2008）	员工针对工作相关问题表达具有挑战性但同时具有建设性的意见、关注或想法
Morrison（2011）	就工作相关问题自愿表达旨在改善组织或单位运作的想法、建议、关注或意见
Liang、Farh C I C 和 Farh J L（2012）	谏言行为是发生在人际环境中的一种有意的、有计划的行为
Maynes 和 Podsakoff（2014）	谏言行为是个体向组织内专注于影响工作环境的个体所做出的自愿且开放的沟通行为

资料来源：本书笔者整理。

尽管现有研究存在对谏言定义的不同表述，但我们从这些定义中可以得出谏言的几个特性。第一，一般来说，谏言是向上的。尽管有的学者提出可以向同事或团队成员谏言（Morrison，2011；Detert et al.，2013），但绝大部分谏言研究探讨的是员工向其管理者谏言。这可能是因为在组织层级背景下，员工的资源依赖于管理者（Emerson，1962），也就是说，员工通常将管理者作为谏言对象是因为管理者拥有实施员工想法的权力、权威以及资源（Detert et al.，2007；Burris et al.，2013）。如果没有得到管理者认可，被提出的想法是不可能被执行的，因此谏言并不是员工在组织内创造积极变革的有效途径（Daft，1978）。区分谏言的对象十分重要，因为向上谏言（对管理者的谏言）与平行谏言（对同事的谏言）所具有的意义不同（Liu et al.，2010；Morrison，2011）。向上谏言更可能引起组织创新、提升组织有效性，因为管理者掌握了关键性资源（Detert et al.，2007），而平行谏言则起不到这种效果。另外，由于谏言所固有的挑战性，向上谏言具有相当大的风险，因为管理者拥有绩效评估和决定是否晋升的权力，而平行谏言则不太可能对这些管理者控制的个人结果产生影响（Detert et al.，2013）。

第二，谏言对组织来说具有建设性。相比于其他类型的工作场所沟通性行为，谏言具有亲社会性质（Grant et al.，2008），因此不包括那些抱怨或只对自己有利的谏言。向上谏言的内容比平行谏言的内容更具有建设性，平行谏言的内容往往被认为是发泄或抱怨（Detert et al.，2013），而向上谏言会给组织带来非常积极的结果，如提高决策质量和发现问题等（Morrison et al.，2000）。

第三，谏言是自愿的。谏言并不是管理者要求的员工工作内容的一部分，因而员工可以自行决定是否参与到这种角色外行为当中。与其他积极的角色外行为一样，管理者很难将谏言认定为角色内行为，从而惩罚那些没有谏言的员工（Van Dyne et al.，1998）。由于谏言并不是员工的本职工作，所以他们在做出谏言的决定时往往会深思熟虑，并不断权衡谏言的潜在成本和收益（Morrison et al.，2000；Detert et al.，2007）。当员工认为谏言可能会导致消极的个人结果时（如低的绩效评价或被排斥），他们则更可能选择沉默，这也解释了大部分员工会在工作中拒绝谏言的原因。

第四，谏言具有风险性。尽管谏言被认为具有建设性，会给组织带来很多好处，但由于其旨在变革、调整或改变现有实践，因而也具有挑战现状的性质，这对员工来说具有比较大的风险（Liu et al.，2013），它可能导致消极的社会后果或职业后果。Milliken 等人（2003）的研究发现，谏言被多数人认为是消极的，它会破坏工作关系，损坏他人的公众形象。另外，谏言也可能被管理者当成一种威胁，这使得管理者会给谏言者更低的绩效评价（Burris，2012）。

（二）谏言研究的起源与发展

谏言研究有着五十多年的丰富研究史，它的起源可以追溯到 Hirschman（1970）关于人们对组织不满的反应框架，该反应框架概述了三个关键因素：退出（exit）、忠诚（loyalty）和谏言（voice）。Hirschman 对谏言的定义相当宽泛，认为它指的是"任何试图改变而不是逃避令人反感的事的企图，不管是通过个人或集体向直接负有责任的管理者请愿，还是通过向上级当局申诉以迫使管理层改变，或者通过各种行动和抗议，包括那些旨在动员公众舆论的行动和抗议"（Hirschman，1970）。Hirschman 的主要观点为，当员工忠于组织或对组织有特殊依附时，他们会选择说出自己的忧虑和想法，而不是退出组织，因此谏言被认为是旨在改善工作条件和提高随后工作满意度的建设性行为（Rusbult et al.，1988）。Farrell（1983）则在

Hirschman（1970）的模型中引入了与谏言形成直接对比的第四个因素——漠视（neglect），它具有消极和破坏性，包括减少兴趣或努力以及长期迟到等行为。Farrell（1983）从两个维度概述了员工对不满的四个反应的差异（见图 2-1）：建设性（constructiveness）与破坏性（destructiveness）；主动性（activity）与被动性（passivity）。退出兼具主动性和破坏性，谏言兼具主动性和建设性，忠诚兼具被动性和建设性，漠视兼具被动性和破坏性。

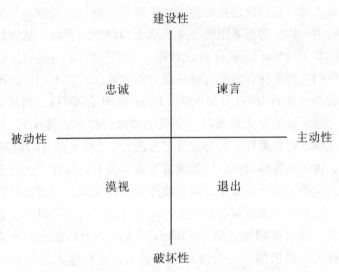

图 2-1　两个维度上员工对不满的四个反应的差异①

　　许多早期的谏言研究学者遵循 Hirschman 的模型来预测，在什么条件下员工更可能参与四种行为（退出、谏言、忠诚和漠视，即 EVLN）中的某一种以应对对工作的不满意。例如，Rusbult 等人（1988）提出，在问题发生之前感到满意的员工更可能做出建设性反应，如谏言和忠诚，而不太可能做出破坏性反应，如漠视和退出，因为他们更有动力将工作条件恢复到满意水平。他们还假设，当员工有较大的工作投入（他们在工作中投入大量资源，如时间和培训等）时，他们将做出更多的建设性反应。Rusbult 和 Lowery（1985）也证实，高水平的员工满意度和工作投资规模促进了谏言和忠诚，而阻碍了退出和漠视。

---

　　①　FARRELL D. Exit, voice, loyalty, and neglect as responses to job dissatisfaction: A multidimensional scaling study [J]. Academy of Management Journal, 1983, 26 (4): 596-607.

尽管经典的EVLN四类反应模型广为人知，并形成了一些有趣的研究结论，但它存在一个非常关键的问题，即定义（尤其是对谏言和忠诚）太过于宽泛并具有多重含义（Kim，2018）。具体来说，Hirschman自己都承认谏言是一个比较混杂的构念，它包括了各种各样的行为（Hirschman，1970），这种对构念定义的混淆导致了一些复杂的结果。因此在后续研究发展中，学者们对谏言做出了新的思考。20世纪90年代以来，学者们将员工谏言定义为组织公民行为的一种类型。例如，Van Dyne及其同事区分了挑战型组织公民行为（如谏言行为）及亲和型和合作型组织公民行为（如助人行为和运动员精神等）（Van Dyne et al.，1998）。作为挑战型组织公民行为的一种类型，学者们将谏言定义为一种自愿的、建设性的口头表达，也就是所谓的"改善导向的谏言"（improvement-oriented voice），但与后续具体研究中学者们采用的定义稍有出入（Burris et al.，2008；Morrison et al.，2011）。尽管谏言是一种建设性、改善导向的行为，但学者们对谏言的定义也暗含着它可能会被认为具有挑战性和破坏性，因为它往往要求改变现状（Bettencourt，2004；Choi，2007）。

另外，不管是EVLN模型还是组织公民行为视角，最初对谏言的研究认为谏言是一个单维构念，而在后续研究中，越来越多的学者提出谏言是一个多维构念。从谏言的内容出发，最初对谏言的定义将以改善为导向的内容作为谏言的概念核心，而没有具体说明其维度（Jung，2014）。Liang、Farh C I C和Farh J L（2012）则认为员工谏言有两个不同的内容维度，即对可能危害组织的现有或即将发生的实践、事件或行为的关注表达，以及对有利于组织的能够改善现有工作实践和程序的方式的表达。同样地，Lebel、Wheeler-Smith和Morrison（2011）提出谏言可以被划分为三个不同的内容维度，即建议聚焦谏言（suggestion-focused voice）、问题聚焦谏言（problem-focused voice）和想法聚焦谏言（opinion-focused voice）。

最初对谏言的研究相对集中，主要围绕EVLN模型探讨员工满意度与谏言之间的关系，以及组织公平感知与谏言之间的关系等（Farrell，1983；Korsgaard et al.，1995；Hagedoorn et al.，1999）。随着Van Dyne及其同事将员工谏言定义为一种组织公民行为，考虑到谏言能够给组织带来的积极作用，大量学者开始研究促进或阻碍员工谏言的因素以了解如何增加员工谏言（Avey et al.，2012；Chen et al.，2016）。随着研究的不断深入，学者们意识到尽管员工谏言具有建设性，但是谏言并不一定总是带来积极结果，因此学者们开始关注谏言给谏言员工带来的影响，如绩效评价、晋升机会等（Whiting et al., 2012; Huang et al., 2018）。另外，由于员工谏言并不总是给谏言者带来积极结果，有的学者开始意识到并不是所有的管理者都欢迎或鼓励员工谏言，如果谏言得不到管理者的认可和采纳，那么它对组织的积极作用将无法发挥，因此学者们开始关注管理者对员工谏言的反应，包括认可谏言、执行谏言意愿、谏言采纳等（Burris, 2012; Fast et al., 2014; 魏昕 等, 2014; 章凯 等, 2020）。

根据对谏言结果以及领导者对员工谏言反应的相关研究结论，员工谏言并不总是带来积极结果，这一方面可能是有些领导者并不欢迎员工谏言，另一方面也可能是谏言存在质量问题。以往对谏言的研究更多关注员工是否存在谏言行为或谏言的数量（频次）问题，而忽视了谏言的质量（马贵梅 等, 2022）。谏言质量是影响领导纳谏的重要内容和信息特征，因此马贵梅等（2022）基于信息质量框架，运用扎根理论探究了谏言质量的内涵和结构，认为谏言质量包含重要性、准确性和可行性三个维度，并开发了相应的测量量表，拓展了员工谏言的研究边界，也为后续的谏言相关研究提供了新的思路。

除此之外，有学者指出，考虑到团队对于组织应对环境和获取竞争优势的重要作用，研究团队谏言行为也尤为重要（Lepine et al., 1998）。因此，对谏言行为的研究从个体层面上升到了团队层面，团队谏言越来越受到学者们的关注。以往学者从总体水平和集体共识两个角度来界定团队谏言。其中，总体水平视角认为，团队谏言是团队成员谏言的总体水平（Guzman et al., 2019）；集体共识视角认为，团队谏言是团队成员对某一问题共同关注和达成共识后，集体向上提出的一致性改进和纠错建议（刘生敏 等, 2016）。团队谏言对组织发展非常重要，它有助于团队提升创造力和创新力，提高团队的决策质量和决策效率（马贵梅 等, 2021）。

（三）相关概念区分

（1）组织异议（organizational dissent）。表达异议是一种重要的沟通活动，Kassing（1997）将组织异议定义为一个多步骤的过程：首先，员工会感到与组织产生了隔阂，有一种脱离组织的感觉，此时产生的是一种异议感受；其次，他们会将与组织不一致且对立的观点表达出来，即个体会将与组织实践、政策和运营不一致或对立的观点表达出来，且不一致或对立的观点被表达的方式以及表达对象都是多样的，如向上异议、平行异议、外部异议等（Kassing，1998）。在外部环境高度变化的环境下，组织异议对组织的生存和发展有着非常重要的作用。它能够帮助管理者提高管理决策质量，也能够增强员工的公平感知等（Avery et al.，2002），但也可能对异议个体产生一些不良后果，如低的绩效评价（Klaas et al.，1989）。由此可见，组织异议与谏言有着诸多相似之处，如都是有助于提高组织有效性的主动性自发行为，两者都具有一定的挑战性和风险性，对个体既会产生积极影响也可能导致消极影响等。但两个构念又是相互区分的，组织异议可以说是谏言的一个独特子集，它表达的是不一致或对立性观点，这与抑制性谏言比较类似（韩翼 等，2015）；而谏言指的是包含了更多内容的员工沟通行为，它不仅包括异议，还包括一致性看法的表达、提供建议和支持等（Gorden，1988）。

（2）揭发行为（whistle-blowing）。揭发行为是指，组织成员向有可能采取行动的个人或组织揭露其雇主控制下的非法的、不道德的或不符合规定的行为（Miceli et al.，1985）。Near 和 Miceli（1985）指出，揭发行为代表的是一个过程，而不仅仅是一个事件，它包含四个要素：揭发者、揭发行为或投诉、投诉接收者、被投诉方。揭发者具有以下四个特征：揭发者既可以是正在某组织中工作的人员，也可以是已经离开该组织的人员；揭发者是组织中缺乏改变组织活动权力的人，即揭发者缺乏做出改变的权力基础，必须依赖于其他非正式的权力基础；有人认为揭发者有时是匿名的，但是匿名可能会影响揭发行为的可信度；有的组织为揭发者提供了职位，如内部审计员、监察员等。揭发行为是指，提供关于组织活动损害第三方或危害公共利益的信息（Elliston，1982a；Farrell et al.，1982）。揭发行为并不是一种偏差行为，因为它并不是员工有意而为的有损于组织的未经授权的行为（Near et al.，1985）。对于投诉接收者，以往大多数研究认为，投诉接收者是组织外部的某个人或机构；但是也有学者认为，投诉既可以是内部的，也可以是外部的，或者内外部结合的。被投诉方则可以是任何一个组织，但不同类型的组织对投诉的反应可能不同。观察到不法行为的组织成员，在有确凿证据、不法行为严重程度较高以及会直接影响到自己时更可能揭发组织的不法行为，且为了防止受到打击报复，他们倾向于向组织外部的某人或机构进行揭发（Miceli et al.，1985）。揭发行为可能为组织提供有助于提高组织有效性的重要信息，但与此同时，也可能对组织的权力结构发起挑战，导致组织混乱。相对于谏言来说，揭发行为的接收者更为广泛，既包括组织内部的也包括组织外部的，但揭发的内容则比谏言内容更为狭窄，因为揭发的内容聚焦于不恰当的、非法的活动信息。

（3）议题销售（issue selling）。议题销售是组织决策制定过程中早期阶段的重要活动。组织可以被当成一个多元化的思想市场，在这里管理者们通过劝说的方式努力"销售"自己的议题，而管理组织战略方向的高层管理者们则对这些议题进行"购买"（Dutton et al.，2001），因此议题销售被定义为，个体影响他人对影响组织绩效的事件、发展和趋势的关注及理解的过程，也就是说个体通过自己的努力来影响他人对议题的关注和理解（Dutton et al.，1993）。议题销售影响了组织对时间和注意力的投入，因而它在一定程度上影响了随后的行动和变化。议题销售者会采用一系列行动来进行议题销售，影响高层决策制定者的注意力。议题销售对组织和个体来说都具有非常重要的意义。对组织来说，议题销售会带来更好的组织绩效，因为它能够促进最优战略的形成（Wooldridge et al.，1990）；对个体来说，成功的议题销售能够促进其职业成长及个人目标的实现（Dutton et al.，1993）。议题销售不仅是一种上行沟通，而且是一种影响组织高层管理者的独特方式，它涉及说服组织管理者某个想法或趋势值得被关注，且表明组织或个体能够通过解决该特定议题而受益，议题销售的根本目的在于唤起管理者对可能影响积极组织变革的机会的注意（Morrison，2011；Chamberlin，2017）。议题销售可以说是谏言的一个子集，它具体关注的是组织层次的战略问题或机会，而谏言则是一个更为广泛的概念（Morrison，2011）。

（4）上行沟通（upward communication）。有效沟通是有效管理的必要条件，上行沟通是指组织层级内低层级个体向高层级个体分享信息的行为（Athanassiades，1973），这些信息包括与下属、工作单位相关的信息，组织实践或政策或与完成这个任务有关的问题等（Glauser，1984）。上行沟通对组织的生存和发展有着非常重要的意义，它有助于组织的有效决策、组织学习以及提高组织绩效，同时它也可以增强员工对组织的认同感、使其有效缓解工作压力以及提高生产力等（Kumar et al.，2017）。上行沟通是信息自下而上的一种流动，这些信息可能是传递一种新想法，可能是与任务相关的信息，或者是上级要求下属报告的东西（Morrison，2011），因此它不一定给信息接收者带来紧迫感，也就是说管理者并不一定要对下属做出立即反馈。谏言是员工对与工作有关的问题进行的建设性意见表达，属于上行沟通范畴，但是上行沟通的范畴更为广泛，它包含了下属与领导之间的任何沟通，如任务相关的沟通以及下属被要求提供的信息等（Morrison，2011）。

相关概念的区分如表 2-2 所示。

表 2-2　相关概念的区分

相关构念	定义	与谏言的关系
组织异议	个体会将与组织实践、政策和运营不一致或对立的观点表达出来	相似之处：都是有助于提高组织有效性的主动性自发行为，两者都具有一定的挑战性和风险性，对个体既会产生积极结果也可能会导致消极结果 区别之处：组织异议可以说是谏言的一个独特子集，它表达的是不一致或对立性观点，这与抑制性谏言比较类似，而谏言指的是包含了更多内容的员工沟通行为，它不仅包括异议，还包括一致性看法的表达、提供建议和支持等
揭发行为	组织成员向有可能采取行动的个人或组织揭露其雇主控制下的非法的、不道德的或不符合规定的行为	相对于谏言来说，揭发行为的接收者更为广泛，既包括组织内的也包括组织外的，但揭发的内容则比谏言内容更为狭窄，因为揭发的内容聚焦于不恰当的、非法的活动信息
议题销售	个体通过自己的努力来影响他人对议题的关注和理解	议题销售可以说是谏言的一个子集，它具体关注的是组织层次的战略问题或机会，而谏言则是一个更为广泛的概念
上行沟通	组织层级内低层级个体向高层级个体分享信息的行为	谏言属于上行沟通范畴，但是上行沟通的范畴更为广泛，它包含了下属与领导之间的任何沟通，如任务相关的沟通以及下属被要求提供的信息等

资料来源：本书笔者整理。

二、谏言的维度与测量

学术界对谏言这一构念的研究已经非常成熟，其维度和测量经过学者们的不断探索和发展，在学术界已经有了较为统一的认知。谏言的维度和测量有单维和多维之分，由于不同学者在谏言的概念界定上存在一定差异，因而其测量题项的内容也存在某些差异。

谏言最初的概念是从 EVLN（exit-voice-loyalty-neglect）模型中发展而来的，该模型反映的是个体对工作不满意而做出的反应，所以最初的测量工具也是基于该模型而开发的。Rusbult、Farrell、Rogers 和 Mainus（1988）以美国一家大型通信公用事业公司的员工为样本开发了 EVLN 的测量量表，其中包括谏言的 5 个题项，这一时期大多认为谏言是单维的。

Peng、Wong 和 Song（2016）在 Rusbult 等人（1988）的研究基础上，通过对中国澳门特别行政区的 497 名中小学教师进行调查，开发了中国背景下 EVLN 模型的测量工具，其中包括谏言的 5 个题项。Van Dyne 和 LePine （1998）通过对以往文献的梳理发现，现有文献对谏言并没有一个标准的定义和测量方式，于是他们提出谏言是一种促进性的角色外行为，对谏言进行了定义并开发了相应量表，该量表显示谏言是一个单维构念，共 6 个题项。Van Dyne 和 LePine 开发的谏言量表受到了学术界的普遍认可，很多研究者在测量谏言时会采用其量表。Premeaux 和 Bedeian（2003）根据他们对谏言的定义，通过对美国南部一家电信公司的员工进行调查，编制了谏言行为的单维 6 题项量表，且信度良好。另外，很多学者在 Van Dyne 和 LePine 开发的 6 题项谏言量表的基础上，根据自身研究需要对该量表进行修订，最终形成信效度较高的量表。例如，Detert 和 Burris（2007）基于 Van Dyne 和 LePine（1998）的工作最后确定了谏言的单维 3 题项测量工具，并对 105 家餐厅的工作人员进行了信效度验证。后续也有不少学者采用该测量方式来测量谏言（如 Trosterand et al.，2012；Burris et al.，2017；Kim，2018）。Tangirala 和 Ramanujam（2012）选取了 Van Dyne 和 LePine （1998）的量表中的 4 个题项进行相关研究，而 Lebel（2016）借鉴了 Van Dyne 和 LePine（1998）以及 Liang、Farh C I C 和 Farh J L（2012）编制的量表，从中选取 3 个题项，对美国东北部某所大学中的 3 410 名在 2000—2014 年毕业的 MBA 校友进行问卷调查，检验了 3 题项量表的信度。于晓宇、胡芝甜和陈依等人（2016）借鉴 Van Dyne 和 LePine 的量表，通过对生物与制药行业创业企业的总经理、CEO 或直接领导新产品开发的高层管理人员进行问卷调查，对该量表进行了修订，得出了适用于该研究的谏言量表。由上述描述可见，Van Dyne 和 LePine（1998）编制的量表受到了学术界的广泛认可，学者们在 Van Dyne 和 LePine 的研究基础上对谏言量表进行适当修订，以便达到自己的研究目的。

对于谏言的多维结构和测量，不同学者也有不同的看法。Korsgaard 和 Roberson（1995）通过分析谏言在绩效评估中的作用，将谏言分为工具性谏言（instrumental voice）和非工具性谏言（non-instrumental voice），其中工具性谏言是指当直接控制无法实现时，谏言能够提供对决策的间接控制感知；非工具性谏言是指不管是否能够影响决策，谏言都是有价值的。随后，他们编制了工具性谏言的量表，共 6 个题项，同时在 Greller（1978）

以及 Burke、Weitzel 和 Weir（1978）研究的基础上提出了非工具性谏言的 8 题项测量方式。Van Dyne、Ang 和 Botero（2003）通过对文献的梳理后认为，界定更为精细的谏言的概念非常重要，因为他们发现以往文献描述员工谏言行为的术语多种多样，且实证研究显示谏言的测量和预测难以捉摸，因而他们基于三个动机（基于合作的他人导向、基于害怕的自我保护和基于顺从的脱离）将谏言分为三种类型，即亲社会谏言（prosocial voice）、防御性谏言（defensive voice）和默许谏言（acquiescent voice）。不过遗憾的是，Van Dyne、Ang 和 Botero（2003）只是在理论上对这三种谏言类型进行了解释，并没有编制相关测量量表。Liu、Zhu 和 Yang（2010）则根据谏言的对象不同将谏言划分为上行谏言和平行谏言。其中，平行谏言的测量题项来源于 Van Dyne 和 LePine（1998）编制的量表，只是将其中的谏言对象进行替换，共 6 个题项；而上行谏言的测量题项则整合了 Van Dyne 和 LePine（1998）的 6 个题项以及 Morrison 和 Phelp（1999）的 3 个题项，共 9 个题项。Lebel、Wheeler-Smith 和 Morrison（2011）基于谏言内容的不同将谏言划分为三个不同的维度，即建议聚焦谏言、问题聚焦谏言和想法聚焦谏言。段锦云和凌斌（2011）认为，以往的研究大多基于西方文化背景来探讨谏言的结构，可能不太适用于中国文化情境，因而基于中国文化情境开发了谏言的两维度量表，包括顾全大局式谏言和自我冒进式谏言，共 11 个题项，其中顾全大局式谏言有 6 个题项，自我冒进式谏言有 5 个题项。Liang、Farh C I C 和 Farh J L（2012）则将谏言分为促进性谏言和抑制性谏言两种类型，并编制了相关量表，共 10 个题项，其中促进性谏言有 5 个题项，抑制性谏言有 5 个题项。另外，有学者认为 Van Dyne 和 LePine（1998）对谏言的测量存在一些缺陷，因而 Burris（2012）对其测量题项进行整合，提出了挑战性谏言（challenging voice）和支持性谏言（supportive voice）的测量题项，以使得这些题项能够很好地适应研究中的组织背景，每个维度包括 3 个题项。邓今朝、马颖楠和余绍忠（2013）基于成就动机理论探索了组织变革背景下的谏言行为结构维度，研究结果发现，员工谏言行为是一个两维度构念，包括趋向型谏言和规避型谏言，其中趋向型谏言包括 6 个题项，规避型谏言包括 3 个题项。Maynes 和 Podsakoff（2014）则认为，以往对谏言研究的关注点过于狭隘，只关注谏言是一种挑战或支持现状的行为（积极属性），而忽视了其负面属性，Gorden（1988）就认为某些谏言行为具有破坏性质。基于此，Maynes 和

Podsakoff（2014）① 提出了四种不同类型的谏言行为，即支持性谏言（supportive voice）、建设性谏言（constructive voice）、防御性谏言（defensive voice）和破坏性谏言（destructive voice），并开发了有效量表来进行测量。

　　通过学术界对员工谏言行为的长期探讨和研究，Van Dyne 和 LePine（1998）的单维 6 题项量表以及 Liang、Farh C I C 和 Farh J L（2012）的两维度 10 题项量表受到学者们的普遍认可，在相关的实证研究中也使用得最为广泛。本书根据研究需要，选择 Liang、Farh C I C 和 Farh J L（2012）的两维度 10 题项量表来对员工谏言行为进行测量。员工谏言的维度与测量以及员工谏言各维度的定义或内涵如表 2-3、表 2-4 所示。

表 2-3　员工谏言的维度与测量

分类方式	具体维度内容	题项数/个	文献来源
单维	EVLN 模型中的谏言	5	Rusbult、Farrell、Rogers 和 Mainus（1988）；Peng、Wong 和 Song（2016）
	员工谏言	6	Van Dyne 和 LePine（1998）
	上行谏言	6	Premeaux 和 Bedeian（2003）
	员工谏言	3	Detert 和 Burris（2007）
	员工谏言	4	Tangirala和Ramanujam（2012）
	员工谏言	3	Lebel（2016）
	员工谏言	6	于晓宇、胡芝甜和陈依等（2016）
二维	工具性谏言 非工具性谏言	6 8	Korsgaard 和 Roberson（1995）
	上行谏言 平行谏言	9 6	Liu、Zhu 和 Yang（2010）
	顾全大局式谏言 自我冒进式谏言	6 5	段锦云和凌斌（2011）

---

　　① Maynes 和 Podsakoff（2014）基于谏言行为的两个方面进行维度划分：一是变革导向，包括维持（为了保持现状而谏言）和挑战（为了改变现状而谏言）；二是潜在动机，包括促进（鼓励自主发展的谏言）和抑制（阻碍或损害组织发展的谏言）。

表2-3(续)

分类方式	具体维度内容	题项数/个	文献来源
二维	促进性谏言 抑制性谏言	5 5	Liang、Farh C I C 和 Farh J L（2012）
	挑战性谏言 支持性谏言	3 3	Burris（2012）
	趋向型谏言 规避型谏言	6 3	邓今朝、马颖楠和余绍忠（2013）
三维	亲社会谏言 防御性谏言 默许谏言	—	Van Dyne、Ang 和 Botero（2003）
	建议聚焦谏言 问题聚焦谏言 想法聚焦谏言	—	Lebel、Wheeler-Smith 和 Morrison（2011）
四维	支持性谏言 建设性谏言 防御性谏言 破坏性谏言	5 5 5 5	Maynes 和 Podsakoff（2014）

资料来源：本书笔者整理。

表 2-4　员工谏言各维度的定义或内涵

具体维度内容	定义或内涵
工具性建言	管理者感知到的对评估讨论的潜在影响
非工具性谏言	管理者对评估讨论的贡献
上行谏言	对上级的谏言行为
平行谏言	对同事的谏言行为
顾全大局式谏言	员工在谏言时能够考虑各方利益，表达方式较为委婉，能够提供较为充分的理由，必要时能够做出一定让步
自我冒进式谏言	员工在谏言时更多站在自己的角度，表达方式比较直接，较少考虑他人的感受，不易妥协
建议聚焦谏言	对如何改善工作单位或组织而进行的建议或想法的交流
问题聚焦谏言	员工对其认为对组织有害或潜在有害的工作实践、事件或行为的关注表达
想法聚焦谏言	就工作相关问题交流与他人不同的观点

表2-4(续)

具体维度内容	定义或内涵
促进性谏言	员工为了改善工作单位或组织的整体运作而进行的新的想法或建议的表达
抑制性谏言	员工对可能危害组织的工作实践、事件或员工行为的关注表达
挑战性谏言	向那些设计或负责维持组织实践、政策或战略方向的个体表达旨在改变、修改或动摇那些构成现状的、被普遍接受的一系列实践、政策或战略方向的想法或建议
支持性谏言	表达旨在稳定或保留现有组织政策或实践的想法或建议
趋向型谏言	员工谏言行为具有趋向性特征,是员工在挑战自我、验证自我和发展自我动机下进行的谏言,有利于组织的整体利益
规避型谏言	员工谏言行为具有规避性特征,是员工在迎合顺从动机下为了规避不想要的结果而进行的谏言
亲社会谏言	基于合作动机表达与工作相关的想法、信息或意见。亲社会谏言是有意的、主动的及他人导向的,焦点在于利他
防御性谏言1	基于恐惧,以保护自我为目标而进行的与工作相关的想法、信息或意见的表达,包括基于恐惧为了转移注意力而进行的想法表达行为和提出聚焦他人而保护自己的想法等行为
默许谏言	基于顺从感而进行的与工作相关的想法、信息或意见的表达,默许谏言是一种基于无法改变感的推脱行为
支持性谏言	自愿表达对重要的与工作相关的政策、方案、目标和程序等的支持,或在这些政策、方案、目标和程序受到不公正批评时为这些事情辩护
建设性谏言	自愿表达主要在组织上影响组织环境功能变化的想法、信息或意见,例如提出关于新的或更有效的工作方法的想法
防御性谏言2	自愿表达反对改变这种的政策、程序、方案、实践等,即使提议的改变有价值或变革很必要
破坏性谏言	自愿表达对工作政策、实践、程序等的伤害性的、批评性的或贬低性的意见

注:防御性谏言1是指表2-3中三维分类方式下的具体维度内容;防御性谏言2是指表2-3中四维分类方式下的具体维度内容。

资料来源:本书笔者整理。

三、谏言的影响因素

在谏言五十多年的研究发展过程中,谏言能够给组织带来积极作用这一结论使得谏言的相关研究得到飞速发展。大部分研究试图回答如何在组织中获得最多谏言这一问题，也就是说，大部分谏言相关的研究都在关注谏言的影响因素以及员工谏言的影响机制，以回答为什么员工会传递或隐瞒帮助组织有效运行的重要信息、想法和意见。本书将从谏言者因素、领导者因素（谏言接收者）和情境因素三个方面梳理谏言的影响因素（见表 2-5）。

（一）谏言者因素

1. 人格特质

具有不同人格特质的个体在工作中会表现出不同的工作行为，人格特质对谏言有着非常重要的影响。LePine 和 Van Dyne（2001）探讨了大五人格和谏言之间的关系，研究结果发现除了经验开放性，其他四种人格均与谏言行为有显著关系，其中责任心和外倾性与谏言行为呈正相关关系，而神经质和宜人性与谏言行为呈负相关关系。这是因为高责任心个体倾向于认为自己承担着更多的工作责任，他们更愿意参与到改善工作环境的行动中去；外倾性个体则更愿意将话说出来，这会使他们感到更舒服；高神经质个体则可能会觉得谏言不安全且会感到尴尬；高宜人性的个体则会回避可能由于挑战现状而损害人际关系的事情。但是 Chiaburu、Oh、Berry 等人（2011）进行的一项元分析结果表明，经验开放性与变革导向的组织公民行为有着密切关系，其中包括谏言和其他主动行为，这一结论得到 Chamberlin、Newton 和 LePine（2017）的元分析结果支持。

除了大五人格，还有一些其他的人格特质也对谏言行为有着重要影响。主动性人格被认为是员工在工作中积极努力的最重要指标之一，具有高主动性人格特质的员工更倾向于提出新的工作方法和新的想法（Jafri et al.，2016），因此主动性人格对员工谏言行为有显著正向影响（Liang et al.，2013；Elsaied，2018）。Li 和 Tangirala（2021）在新形成的上级—员工二元关系中检验员工谏言的形成机制，研究结果发现，拥有更高水平主动性人格的员工更可能在互动关系的早期就向上级谏言，上级—员工在主动性人格上的一致性有助于员工谏言行为的持续。谏言者的核心自我评价也对谏言行为有显著影响。Aryee、Walumbwa、Mondejar 和 Chu（2017）的研究表明，核心自我评价通过个人控制和趋向性动机的中介作用对谏言行为产生影响。另外，员工的趋向性导向和规避性导向对不同的谏言类型会产生不同影响。趋向性导向正向影响促进性谏言且负向影响抑制性谏言，而规避性导向正向影响抑制性谏言且负向影响促进性谏言（Kakkar et al.，2016）。Tangirala、Kamdar、Venkataramani 和 Parke（2013）则探讨了另外两种特质——责任导向（duty orientation）和成就导向（achievement o-rientation）对谏言的影响，研究结果表明，责任导向通过正向影响谏言角色概念来正向影响谏言行为，而成就导向通过负向影响谏言角色概念来影响谏言行为。

2. 心理认知

除了人格特质，员工的工作态度和心理认知也会对谏言行为产生不可忽视的影响。根据 EVLN 模型，谏言可能是对工作不满意的一种反应（Hirschman，1970），Zhou 和 George（2001）的研究也表明，当持续承诺频率较高且能获得同事的有用反馈时，具有高工作不满意度的员工会表现出更强的创造力（这里的创造力是谏言的一种表达方式）；Rusbult 等人（1988）以及 LePine 和 Van Dyne（1998）的研究则发现，具有高工作满意度的个体也会表现出谏言行为，因为相比于工作满意度低的个体来说，他们更有动力谏言，且对改善工作环境持有更为乐观的心态，这一结论在中国样本汇总中也得到了支持（段锦云 等，2012）。阎亮和马贵梅（2018）则认为，工作满意度对不同谏言类型的影响不同，他们发现工作满意度越高，员工的促进性谏言越多，但是工作满意度与抑制性谏言之间的关系在不同员工中不同，在新生代员工中两者呈 "U" 形关系，而在非新生代员工中则呈线性关系。Fuller、Marler 和 Heste（2006）认为，具有高建设性变革责任感的个体具有分析工作流程的动机，更可能识别工作中的改善机会，因此会表现出更多的谏言行为（Parker et al.，2010；Liang et al.，2012）。自我效能感反映了个体相信自己有能力做好某事，它与谏言之间的关系也受到了学者们的广泛关注。段锦云和魏秋江（2012）提出了谏言效能感的概念，并通过配对样本数发现一般自我效能感正向影响员工谏言，且谏言效能感在两者的关系中起中介作用。Wei、Zhang 和 Chen（2015）的研究表明，相比于促进性谏言风险感知，促进性谏言效能感对促进性谏言的影响更为显著；相比于抑制性谏言效能感，抑制性谏言的风险感知对抑制性谏言的影响更为显著。

另外，员工的其他心理认知也将影响其谏言行为，如心理安全感、权力距离、情绪管理知识、动机和组织自尊等。Liang、Farh C I C 和 Farh J L（2012）指出，由于抑制性谏言涉及表达有害于组织的实践、事件或行为，具有更高的个人风险性，因此心理安全感与抑制性谏言之间的关系更强，组织自尊则与促进性谏言更为相关。情绪管理能力也会影响个体行为，Grant（2013）指出，情绪管理知识显著正向影响谏言行为。权力距离导向越强的个体越会与管理者保持权力距离，因而会更少谏言（Botero et al.，2009；周建涛 等，2012）。另外，员工的动机也会影响其谏言行为。具有亲社会动机的员工倾向于且认为自己更有责任去改善他人和组织的福祉，因此更可能表现出谏言行为（Grant et al.，2009）。如果员工从内心认为自己是组织的一分子，则会更为主动地去做有利于组织的事情，如谏言行为等，谏言行为也有利于员工的资源增值（李燕萍 等，2017）。

调节定向是影响个体行为的重要动机因素，个体存在促进定向和防御定向两种不同的基本动机（Higgins，1997、1998）。拥有不同调节定向动机的个体的认知评价、判断决策和行为策略会存在差异，因而会对员工谏言行为产生重要影响。具体来说，刘小娟和王国锋（2022）基于个体动机视角，探讨了促进定向和防御定向对员工谏言行为的影响机制。研究结果表明，防御定向个体会避免损失，偏好采用警惕策略，因而会产生避免破裂动机，进而激发员工的防御型谏言和默认型谏言；促进定向个体会争取收益，偏好冒险和积极与人建立良好的人际关系，因而会产生促进和谐动机，进而激发员工的亲社会型谏言。另外，心理安全感负向调节了避免破裂与防御型谏言和默认型谏言之间的关系，心理安全感水平越低，避免破裂与防御型谏言/默认型谏言之间的正向关系越强。

（二）领导者因素

领导者作为谏言的接收者，掌握了关键性资源以及采纳执行建议和意见的权力（Detert et al.，2007），因此领导者因素对员工谏言有着举足轻重的影响。学者们对影响员工谏言的领导者因素的研究，主要集中在探讨各种类型的领导风格会对员工谏言产生何种影响，另外，少量研究探讨了领导者情绪、领导态度和行为等对员工谏言的影响。

1. 领导者情绪

情绪社会信息模型（emotions as social information model，EASI）（Van Kleef et al.，2009；Van Kleef et al.，2010）表明，个体的情绪可以通过两种途径影响他人：一是情绪传染过程，即领导者情绪可能会唤起员工情绪，进而影响员工的后续态度和行为；二是信息发送过程，即员工会对领导者情绪进行认知评估，进而影响其态度和行为。Liu、Song、Li 和 Liao

（2017）基于该理论模型构建了领导者情绪与员工谏言之间的关系模型，通过经验取样法的实证研究结果表明，领导者的积极情绪可以通过情绪传染过程路径影响员工的积极情绪，进而影响其心理安全感，最终正向影响员工谏言，但信息发送过程路径不显著。

2. 领导风格

在谏言的影响因素研究中，领导风格受到了国内外学者的广泛关注。现有文献中的领导风格类型很多，国外学者们更关注伦理型领导、真实型领导、变革型领导等对员工谏言的影响。现有文献研究结果表明，伦理型领导、真实型领导、变革型领导正向影响员工谏言或员工伦理谏言（Avey et al.，2012；Hsiung，2012；Wang et al.，2012；Huang et al.，2017），这些领导风格展现出来的示范性、真诚性、变革性和开放性使得员工更具有谏言动机，因而能够促进员工谏言。国内学者关注的领导风格则更为丰富，既包含积极的领导风格（如变革型领导、真实型领导、参与型领导、授权型领导、谦逊型领导等），也包含一些消极的领导风格（如辱虐管理、权威型领导等）。众多研究表明，积极的领导风格对员工谏言具有正向预测作用，其中包括变革型领导、参与型领导、真实型领导、授权型领导、谦逊型领导、正向领导、自我牺牲型领导和包容型领导等（Liu et al.，2010；吴隆增 等，2011；向常春 等，2013；李锡元 等，2016；Duan et al.，2017；李燕萍 等，2018；陈龙 等，2018；罗兴鹏 等，2018；姚楠 等，2019；齐蕾 等，2019）。一些具有中国文化特色的领导风格也被学者们提出，如家长式领导、双元领导等。家长式领导具有儒家传统，它被划分为三个维度——权威领导、仁慈领导和德行领导，其中权威领导负向影响员工谏言，而仁慈领导和德行领导则正向影响员工谏言（段锦云，2012；马贵梅 等，2014；Li et al.，2015；Zhang et al.，2015）。双元领导则是一种复杂的领导风格，它具有中国"阴阳平衡"思想的对立统一性，具有一定的权变性质，能够根据具体情境展现不同的领导风格，因此能够促进员工的谏言行为（李树文 等，2019）。另外，相关研究结果表明，消极的领导风格会阻碍员工谏言，如辱虐管理等（吴维库 等，2012）。

3. 领导态度和行为

领导态度和行为也会对员工的行为产生一定影响。领导开放性是员工对领导者愿意倾听、对他们的想法感兴趣、对其提出的想法给予公平考虑、至少有时会采取行动解决他们所提出问题的感知（Detert et al.，

2007），领导开放性程度越高，说明领导者越愿意听取和考虑员工的意见和建议，因此员工也越愿意谏言。领导者的咨询行为（consultation behavior）能够增强员工在工作中的影响力感知，因而能够促进员工谏言（Tangirala et al.，2012）。与之类似地，上级对谏言的反应能够增强员工的地位感知，进而能够促进员工谏言（Janssen et al.，2015）。上级发展性反馈也属于领导者对员工的反应之一，它具有未来导向性，能够促进员工学习和成长，促使员工积极改变现状，主动提出有利于组织的意见和建议（隋杨 等，2019）。张亚军和张磊（2017）在中国情境下探讨了领导宽恕①与抑制性谏言之间的关系，研究结果表明，领导宽恕显著正向影响员工的抑制性谏言，这是因为领导宽恕能够包容员工的错误和顶撞，使员工有较强的心理安全感知。领导排斥则是与之相对立的一个构念，它易使员工感知到上级的排斥或忽视，进而让员工认为自己不被重视或不被信任，甚至感到敌意，因此降低其心理安全感，从而减少员工谏言行为（李澄锋 等，2017）。另外，领导者在与员工沟通交流的过程中所使用的语言也会影响员工行为，当领导者使用含蓄的包容性领导语言②（implicit inclusive leader language）时，群体内谏言行为就会增加；而当领导者使用明确的包容性领导语言③（explicit inclusive leader language）时，群体外谏言行为会增加（Weiss et al.，2017）。

（三）情境因素

情境因素也是影响员工谏言行为的重要因素之一，主要包括领导—成员交换（leader-member exchange，LMX）关系或上下级关系（supervisor-subordinate relationship）、谏言氛围、职场友谊、工作压力、工会实践和高绩效工作系统等。LMX 是一种重要的情境因素，高 LMX 意味着高社会交换，包含喜欢、信任员工等内涵，让员工有一种"自己人"的感知，因而可以促进员工的谏言行为（Van Dyne et al.，2008；Liu et al.，2013）。上下级关系则被划分为两个维度——对上级的情感依附和对上级的遵从，当员工具有低工作控制感时，对上级的情感依附会促进谏言，而对上级的遵从则会抑制谏言（Davidson et al.，2017）。黄杜鹃、叶江峰和张古鹏

① 领导宽恕是指，当员工对领导者顶撞或冒犯后，领导者不会对员工产生愤怒、怨恨、敌视与报复（张军伟 等，2016）。

② 领导者使用第一人称复数，如"我们"。

③ 领导者直接邀请谏言并感激下属的投入。

（2019）的研究也表明，上下级关系正向影响中层管理者的抑制性谏言。谏言氛围对员工谏言有着重要的影响，它向员工传递出工作场所鼓励谏言的信息，使得员工更具谏言动机，从而表现出更多谏言行为（Frazier et al.，2012）。包容氛围也是一种激发员工谏言的重要情境因素。李晨麟、潘盈朵、王新野等人（2023）基于社会信息加工理论和资源保存理论，探讨了包容氛围感知对员工谏言的影响机制，他们认为，包容氛围感知能够通过增强员工的心理安全感和降低员工的惰性感知，进而激发员工谏言行为。职场友谊营造了一种良好的人际关系氛围（韩翼 等，2020），有利于团队成员的沟通和交流，增强团队成员交换关系，进而促进谏言行为的产生（尹奎 等，2018）。卢红旭、周帆、吴挺等人（2019）从谏言的工具性目的出发，探讨了工作压力对员工谏言的影响，研究结果表明，工作压力正向影响防御性谏言而负向影响建设性谏言，这是因为在工作压力下，员工自我损耗较为严重，员工更可能聚焦于如何规避资源的进一步损失。

除了上述情境因素外，一些人力资源实践也会影响员工的谏言行为。人力资源实践对提高企业绩效、发挥员工最大潜能有着非常重要的作用，高绩效工作系统由一组人力资源实践来实现，它能够充分调动员工的工作积极性，提高员工工作满意度和工作投入程度，进而增加员工谏言行为（苗仁涛 等，2015；戚玉觉 等，2018）。高承诺组织也是通过人力资源实践来使得组织成员具有较高的组织承诺，它能够增强员工的情感依附，进而使得员工做出回报组织的行为。段锦云、施嘉逸和凌斌（2017）的研究表明，高承诺组织对员工的上行谏言和平行谏言均具有正向影响。工会是对人力资源系统的有益补充，是连接企业和员工关系的重要纽带，工会实践的有效运行能够促进员工积极主动地提出改善组织运行的建议和想法，因此工会实践水平越高，员工谏言行为越多（胡恩华 等，2019）。

另外，员工谏言也很容易产生"旁观者效应"。尽管员工谏言会带来一定的积极结果，但这种积极结果是不确定的、有一定条件的，与此同时，谏言也会有一些直接或间接的成本，因此员工谏言时会进行权衡。当员工处于一种信息冗余的情境中时，当同事们普遍意识到工作中的问题时，每个个体员工参与谏言的可能性就降低了（Hussain et al.，2019），这是因为信息冗余使得单个个体的责任发生分散（diffusion of responsibility）。这种"旁观者效应"在高水平的同事与上级的交换关系的条件下更为显著，即同事与上级的交换关系水平越高，信息冗余与谏言行为的负向关系越强。

表2-5 谏言的影响因素

分类	作者（年份）	理论基础	自变量	中介变量	因变量	调节变量	主要研究结论
谏言者因素——人格特质	LePine 和 Van Dyne (2001)	—	责任心 外倾性 神经质 亲和性 经验开放性	—	谏言行为	—	◆ 责任心、外倾性谏言行为显著正相关 ◆ 神经质、亲和性谏言行为负显著相关 ◆ 经验开放性与谏言行为之间的关系不显著
	Elsaied (2018)	主动性人格理论	主动性人格	心理安全感	谏言行为	—	◆ 主动性人格显著影响谏言行为，且心理安全感在两者间起完全中介作用
	Aryee, Walumbwa, Mondejar 和 Chu (2017)	控制理论、趋向性/规避性框架	核心自我评价	个人控制、趋向性动机、规避性动机	谏言行为	程序公平感知	◆ 个人控制和趋向性动机中介了核心自我评价与员工谏言行为之间的关系 ◆ 程序公平感知调节了个人控制和趋向性动机和趋向性谏言行为之间的中介作用
	Kakkar, Tangirala, Srivastava 和 Kamdar (2016)	角色理论	趋向性导向、规避性导向	—	促进性谏言、抑制性谏言	角色期望	◆ 趋向性导向显著正向影响促进性谏言，显著负向影响抑制性谏言 ◆ 规避性导向显著正向影响抑制性谏言，显著负向影响促进性谏言 ◆ 促进性谏言角色期望抑制性谏言角色期望对促进性谏言的正向影响/规避性谏言导向越弱 ◆ 促进性谏言角色期望抑制性谏言角色期望对抑制性谏言的负向影响/规避性谏言导向越弱
	Tangirala, Kamdar, Venkataramani 和 Parke (2013)	角色理论	责任导向、成就导向	谏言角色概念	谏言行为	谏言效能感、心理安全感	◆ 谏言角色概念中介了责任导向与谏言之间的正向关系 ◆ 谏言角色概念中介了成就导向与谏言之间的负向关系

表2-5（续）

分类	作者（年份）	理论基础	自变量	中介变量	因变量	调节变量	主要研究结论
谏言者因素——心理认知	段锦云和钟建安（2012）	—	工作满意感	—	谏言行为	情感承诺	◆工作满意感显著正向影响谏言行为 ◆情感承诺越高，工作满意感与谏言行为之间的正向关系越强
	阎亮和马贵梅（2018）	社会交换理论	工作满意度	—	促进性谏言、抑制性谏言	代际差异、感知的组织对员工发展投入	◆工作满意度显著正向影响促进性谏言 ◆工作满意度与抑制性谏言之间存在"U"形关系 ◆工作满意度与抑制性谏言的关系不受代际差异影响 ◆员工"U"中呈，而在非新生代员工中呈线性关系
	Liang,Farh C I C 和 Farh J L（2012）	计划行为理论	心理安全感、建设性变革责任感、组织自尊	—	促进性谏言、抑制性谏言	—	◆心理安全感与抑制性谏言之间的关系更强 ◆建设性变革责任感、组织自尊与促进性谏言之间的关系更强
	段锦云和魏秋江（2012）	社会认知理论	一般自我效能感	谏言效能感	谏言行为	工作可得性	◆一般自我效能感在两者的关系中起中介作用，且谏言效能感越低，谏言效能感与谏言的关系越强 ◆工作可得性越低，谏言效能感与谏言之间的关系越强
	Wei, Zhang 和 Chen（2015）	社会期望反应理论（socially responding theory）	权力距离、表面和谐	谏言效能感知、谏言风险感知	促进性谏言、抑制性谏言	上级授权、谏言氛围	◆相比于促进性谏言的效能感知，促进性谏言的效能感、抑制性谏言的风险感知与谏言的关系更强 ◆相比于抑制性谏言的效能感知，抑制性谏言的风险感知与谏言的关系更强
	Grant（2013）	情绪管理理论	情绪管理知识	深层表演、表层表演	谏言行为	—	◆情绪管理知识显著正向影响谏言行为 ◆深层表演、表层表演在情绪管理知识与谏言行为之间起中介作用

表2-5（续）

分类	作者（年份）	理论基础	自变量	中介变量	因变量	调节变量	主要研究结论
	周建涛和廖建桥（2012）	—	权力距离导向	—	谏言行为	组织地位感知	◆ 领导权力距离导向显著负向影响员工谏言行为 ◆ 领导权力距离导向越高，领导权力组织地位感知之间的负向关系越强 ◆ 员工权利距离导向越高，员工与组织地位感知之间的负向关系越强 ◆ 员工与组织地位感知之间的负向关系越弱
	刘小娟和王国锋（2022）	调节定向理论、动机层次理论	防御定向、促进定向	避免破裂、促进和谐	防御型谏言、默认型谏言、亲社会谏言	心理安全感	◆ 避免破裂在防御定向与防御型谏言间起中介作用 ◆ 避免破裂在防御定向与默认型谏言间起中介作用 ◆ 促进和谐在促进定向与亲社会谏言间起中介作用 ◆ 心理安全感之间的正向的正向关系越低 ◆ 心理安全感水平越低，避免破裂与防御型关系越强 ◆ 心理安全感水平越低，避免破裂与默认型关系越强
	李燕萍、郑馨怡和刘宗华（2017）	资源保存理论	内部人身份感知	工作嵌入	谏言行为	承诺型人力资源管理实践	◆ 内部人身份感知显著正向影响员工谏言行为，且工作嵌入在两者间起部分中介作用 ◆ 承诺型人力资源管理实践水平越高，工作嵌入与谏言行为之间的正向关系越强
领导者因素——领导者情绪	Liu, Song, Li和Liao（2017）	情绪社会信息模型	领导者情绪	员工情绪、员工心理安全感、领导者情绪评估	谏言行为	领导—成员交换关系（LMX）	◆ 领导者的积极情绪通过情绪传染过程路径影响员工的积极情绪进而影响其心理安全感，最终正向影响员工谏言，但信息发送过程路径却不显著

表2-5（续）

分类	作者（年份）	理论基础	自变量	中介变量	因变量	调节变量	主要研究结论
领导者因素——领导风格	Huang 和 Paterson (2017)	社会认知理论	伦理型领导	群体伦理谏言效能感、伦理文化	群体伦理谏言	—	◆低层管理者的伦理型领导与高层管理者伦理型领导者与群体伦理谏言的正向影响 ◆群体伦理谏言效能感在低层管理型领导与群体伦理谏言之间起中介作用 ◆伦理文化在高层管理者伦理型领导与群体伦理谏言之间起中介作用
	Liu、Zhu 和 Yang (2010)	基于自我概念的领导力理论、社会交换理论	变革型领导	社会认同、个人认同	平行谏言、向上谏言	—	◆变革型领导显著正向影响平行谏言和向上谏言 ◆社会认同只显著正向影响平行谏言 ◆个人认同只显著正向影响向上谏言
	向常春和龙立荣 (2013)	激励理论、社会交换理论	参与型领导	积极的印象管理动机	促进性谏言、抑制性谏言	人际公平	◆参与型领导显著正向影响促进性谏言和抑制性谏言 ◆参与型领导通过积极的印象管理动机的中介作用对抑制性谏言产生影响
	李锡元、伍林、陈思和肖贝 (2016)	角色榜样理论和社会学习理论	真实型领导	上司支持感	促进性谏言、抑制性谏言	权力距离	◆真实型领导显著正向影响促进性谏言和抑制性谏言 ◆上司支持感在其中起部分中介作用 ◆权力距离越高，上司支持感对其相关关系为之间的关系越弱
	李燕萍、史瑞和毛雁滨 (2018)	心理所有权理论	授权型领导	工作心理所有权、组织心理所有权	自身工作相关谏言、非自身工作相关谏言	—	◆组织心理所有权在授权型领导与自身工作相关谏言的相关关系中起中介作用 ◆工作心理所有权只中介了授权型领导与自身工作相关谏言之间的关系

表2-5（续）

分类	作者（年份）	理论基础	自变量	中介变量	因变量	调节变量	主要研究结论
	姚楠、张亚军和周芳芳（2019）	社会认同理论	自我牺牲型领导	领导认同	谏言行为	领导虚伪感知	◆ 自我牺牲型领导对员工谏言行为具有显著正向影响，且领导认同在两者之间起中介作用 ◆ 领导虚伪感知调节了领导认同与员工谏言行为之间的中介型领导与员工谏言行为之间的中介
	齐蕾、刘冰和魏嘉鑫（2019）	资源保存理论	包容型领导	关怀型伦理氛围、组织自尊	谏言行为	—	◆ 包容型领导对员工谏言行为有显著正向影响，关怀型伦理氛围在团队层面中介了两者之间的关系，组织自尊则在个体层面中介了两者之间的关系
	Zhang、Huai和Xie（2015）	基于自我概念的领导力理论、LMX理论	家长式领导	LMX、地位判断	谏言行为	—	◆ 权威型领导通过减少地位判断而减少员工谏言行为 ◆ 仁慈领导通过增强LMX来增加员工谏言行为 ◆ 德行领导通过增强LMX来增加员工谏言行为
	李树文、罗瑾琏和梁阜（2019）	领导距离理论、社会交换理论	双元领导	内部人身份感知	促进性谏言、抑制性谏言	领导权力距离、员工权力距离	◆ 双元领导显著正向影响谏言行为，内部人身份感知在其中起中介作用 ◆ 员工权力距离正向调节内部人身份感知与谏言行为之间的关系
领导者因素—领导态度和行为	Detert和Burris（2007）	—	变革型领导、领导开放性	心理安全感	谏言行为	员工绩效	◆ 变革型领导、领导开放性显著正向影响员工谏言行为
	张亚军和张磊（2017）	—	领导宽恕	心理安全感	抑制性谏言	组织自尊	◆ 领导宽恕显著正向影响抑制性谏言，心理安全感在组织自尊与抑制性谏言之间的关系中起中介作用 ◆ 组织自尊越高，心理安全感与抑制性谏言之间的关系越强

表2-5（续）

分类	作者（年份）	理论基础	自变量	中介变量	因变量	调节变量	主要研究结论
	Liu, Tangirala 和 Ramanujam (2013)	LMX 理论	LMX	—	向直接领导谏言，向跨层领导谏言	员工与跨层领导之间的交换关系、直接领导与跨层领导之间的交换关系	◆ LMX 显著正向影响向直接领导谏言 ◆ 员工向跨层领导谏言影响向跨层领导谏言 ◆ 直接领导与跨层领导之间的交换关系增强了 LMX 与向直接领导谏言之间的关系
	黄杜鹃、叶江峰和张古鹏（2019）	社会交换理论、角色理论	上下级关系	互惠信念	中层管理者抑制性谏言	权力距离	◆ 上下级关系显著正向影响中层管理者的抑制性谏言，且互惠信念在两者之间起部分中介作用 ◆ 权力距离调节了互惠信念与抑制性谏言、中层管理者抑制性谏言之间的中介作用
情境因素	李晨麟、潘盈朵、王新野、李苑和游旭群（2023）	社会信息加工理论、资源保存理论	包容型氛围感知	心理安全感、惰性感知	员工谏言	—	◆ 心理安全感在包容型氛围感知与谏言的关系中起中介作用 ◆ 心理安全感在包容型氛围感知和抑制性谏言的关系中起中介作用 ◆ 惰性感知在包容型氛围感知和促进性谏言的关系中起中介作用 ◆ 惰性感知在包容型氛围感知和抑制型谏言的关系间起中介作用
	尹奎、孙健敏、张凯丽和陈乐妮（2018）	资源保存理论	职场友谊	团队成员交换	谏言行为	司龄、教育程度	◆ 职场友谊显著正向影响谏言行为，且团队成员交换在两者间起完全中介作用 ◆ 员工司龄调节了团队成员交换在职场友谊与谏言行为之间的中介作用
	卢红旭、周帆、吴挺等人（2019）	资源保存理论	工作压力	自我损耗	建设型谏言、防御型谏言	领导开明性	◆ 工作压力正向影响防御型谏言，且自我损耗在它们的关系间起中介作用 ◆ 工作压力显著正向影响建设型谏言，负向影响建设型谏言，自我损耗在建设型谏言之间起中介作用 ◆ 领导开明性越高，自我损耗与建设型谏言之间的负向关系越强

表2-5（续）

分类	作者（年份）	理论基础	自变量	中介变量	因变量	调节变量	主要研究结论
	威王觉和杨东涛（2018）	匹配理论	高绩效工作系统	价值观匹配	谏言行为	LMX	◆高绩效工作系统、价值观匹配显著正向影响员工谏言行为，价值观匹配在高绩效工作系统与员工谏言之间的关系中起中介作用 ◆LMX越高，价值观匹配与员工谏言行为的正向关系越强
	段锦云、施嘉逸和凌斌（2018）	社会交换理论	高承诺组织	知觉到职业机会、工作满意度	上行谏言、平行谏言	工作绩效、与同事人际关系	◆高承诺组织显著正向影响谏言行为 ◆员工知觉到的职业机会中介了高承诺组织与上行谏言之间的关系；工作满意度之间的关系 ◆工作绩效越高，感知到的关系越强，谏言之间的关系越强 ◆与同事同人际关系越好，工作满意度与平行谏言之间的关系越强
	Hussain, Shu, Tangirala 和 Ekkirala（2019）	旁观者效应	信息冗余	责任扩散	谏言行为	同事与上级的交换关系	◆信息冗余显著负向影响谏言行为 ◆同事与上级之间的交换关系调节了信息冗余与上级的交换关系，同事与上级之间的交换关系越好，信息冗余与谏言行为的负向关系越强 ◆责任分散在信息冗余与谏言行为之间的关系中起中介作用
	胡恩华、韩明燕、单红梅等（2019）	计划行为理论	工会实践	心理安全感、谏言效能感、建设性变革责任感	谏言行为	一	◆工会实践显著正向影响员工谏言行为，且心理安全感、谏言效能感和建设性变革责任感在两者的关系中起中介作用

资料来源：本书笔者整理。

四、谏言的影响结果

几乎每篇关于谏言的文献都是从讨论其积极效果开始的，因为大部分研究都假设谏言是为更好地做事而提出建议以及纠正现有问题（LePine et al.，1998），因而其具有积极效果不足为奇。但这种想法太过于简化（Morrison，2011），有学者已经发现谏言有时是多余且无益的，因为谏言的员工可能会由于他们的行为而遭受不良结果（Burris，2012）。另外，当谏言被认为是对现状的一种攻击时，它可能会损害人际关系（Frese et al.，2001）或组织绩效（MacKenzie et al.，2011）。下文将从个体和团队或组织两个层面对谏言的影响结果进行综述（见表2-6）。

（一）个体层面

1. 员工绩效

员工绩效是谏言结果研究最多的结果变量之一。尽管谏言被认为与个体绩效积极相关，但研究结论却存在不一致。假设管理者重视谏言行为所带来的好处，那么谏言员工被给予更多积极的绩效评价就不足为奇了。根据这一逻辑，一些实证研究结果表明谏言行为与管理者评估的员工绩效正相关（Van Dyne et al.，1998；Whiting et al.，2008）。但谏言也可能与绩效评估负相关，因为谏言的一个重要特征为它具有挑战性，这使得谏言可能会被感知为威胁或损害人际关系，因而导致对谏言者的消极评估。一些实证研究也验证了这一逻辑，Seibert、Kraimer和Crant（2001）的研究发现，谏言可能导致更低的工资增长率和更低的晋升可能性。另外，管理者对员工绩效的评估还受到谏言类型的影响，如Burris（2012）的研究表明，参与挑战性谏言的员工比参与支持性谏言的员工得到更差的绩效评价。李方君和祁婷婷（2017）基于社会认知理论提出，促进性谏言和抑制性谏言通过工作自我效能感的中介机制对员工绩效起积极作用，且这一间接效应受到谏言采纳的调节影响。另外，Huang X、Xu、Huang L和Liu（2018）的研究发现，促进性谏言与抑制性谏言对员工绩效没有显著的线性影响，但抑制性谏言与绩效之间存在倒"U"形关系，尤其是在低领导—成员交换关系的条件下。

2. 公平感知

在谏言影响公平感知的相关研究中，一些研究将谏言描述为是否存在表达谏言的机会而不是真正的谏言行为。Colquitt、Conlon、Wesson 等人（2001）以及 Cohen-Charash 和 Spector（2001）关于组织公平的元分析表明，谏言与程序公平感知及结果公平感知正相关。另外，少量研究将谏言作为真正的行为来研究。Lind、Kanfer 和 Earley（1990）提出，决策后谏言比不谏言导致更高的公平感知。然而谏言也不总是导致更高的公平感知，在一系列的实验研究中，Folger、Rosenfielf、Grove 和 Cochran（1979）就指出，当员工谏言被听到但没有被采取行动时，谏言效果将转向"挫折效应"，员工的公平感知将取决于分配结果是否公平。Hunton、Hall 和 Price（1998）的研究也指出，谏言与程序公平感知呈现出非线性关系，当谏言数量超过 5 条时，谏言与程序公平之间的关系并不显著。

3. 谏言采纳

以往大多数研究都是基于谏言具有积极性这一假设而进行的，忽略了管理者在谏言积极性发挥过程中的重要作用。随着研究的深入，学者们开始意识到管理者谏言采纳的重要性，因而开始对这一主题进行研究。尽管谏言具有改善组织效率和效能这一积极特性，但并不是所有的谏言都会被采纳，谏言与谏言采纳之间的关系受到很多因素的调节。Burris（2012）提出，相比于挑战性谏言，支持性谏言更容易被管理者认可（endorsement）。易洋和朱蕾（2015）基于社会说服理论的详尽可能性模型探讨了谏言与纳言之间的关系，研究发现，领导者对谏言的建设性感知是促进谏言采纳的中介机制。

4. 地位

由于谏言者通常被认为更具能力和自信，且为他人承担风险，所以那些为了改善集体而提出建议的人会被同事理解为具有利他主义和集体导向，这都有利于其获得地位（Hardy et al., 2006; Anderson et al., 2009b; Kennedy et al., 2013）。McClean、Martin、Emich 和 Woodruff（2018）通过三阶段问卷法及实验法证实，员工的促进性谏言会有利于其地位的获得，进而导致领导力涌现，这一关系在男性谏言者中尤其显著，但抑制性谏言的影响则不显著，这也说明了管理者和同事对不那么具有挑战性以及未来导向的谏言形式的反应更积极（Burris, 2012; McClean et al., 2018）。Weiss 和 Morrison（2019）也指出，谏言可以积极地影响他人对谏言者的看法，从而增强其社会地位。

5. 职场排斥

尽管员工谏言具有亲社会性质，但它本身也是对组织现状的一种挑战，它可能会损害团队内成员的既得利益，增加团队冲突，损害人际关系（Liang et al.，2012），因此谏言者表达自己的建议和意见时可能会招致同事的不满和排斥。另外，员工的谏言行为可能向领导者传递自己工作能力较强的信号，使得同事感知到威胁和能力差距，进而导致妒忌心理的产生，引发职场排斥行为（詹小慧 等，2018）。

6. 人际公民行为

员工谏言是一种社会互动过程，它是员工和接收者之间的自由沟通（Detert et al.，2013；Morrison，2014），因此谏言会影响谏言者的情绪及其后续的社会行为（Welsh et al.，2022）。Welsh 等人（2022）基于认知-动机-关系理论探讨了谏言的社会结果，即谏言后员工的情绪和人际反应。他们指出促进性谏言聚焦于表达有利于提升和改进工作条件的意见和建议，谏言者认为促进性谏言有利于提升他们的幸福感，进而激发他们的自豪感，减少其人际规避倾向，最后促进人际公民行为的产生；而抑制性谏言聚焦于表达工作中可能存在的问题，是一种更具风险性的行为，它更可能引发冲突或破坏和谐的社会关系（Liang et al.，2012）。谏言者可能会担心自己报告的问题会威胁到上级或使上级感到尴尬和窘迫（Detert et al.，2011；Bies，2013）、削弱他人对上级管理有效性的感知（Chamberlin et al.，2017）、让上级在他人面前形象受损（Milliken et al.，2003；McClean et al.，2018）或受到正式惩罚（Rehg et al.，2008），因而抑制性谏言会促进焦虑的产生，增加人际规避倾向，最后减少人际公民行为。

7. 领导—成员交换

以往对谏言的研究较多关注领导—成员交换作为重要的情境变量如何影响员工谏言（Burris et al.，2008；Van Dyne et al.，2008；Botero et al.，2009；Liu et al.，2013；Carnevale et al.，2017，2020），却忽视了领导者作为员工谏言的主要接收者，是否会在员工谏言后与谏言者发展高或低的交换关系。基于此，Xu、Loi 和 Cai（2023）基于资源理论和社会交换理论，探讨了员工建设性谏言对领导—成员交换的影响机制。他们指出，那些经常谏言的人更可能引起领导者的注意，因此有更多与领导者互动的机会，能更多被领导者看见，这是培养高质量的领导—成员交换关系的重要因素。另外，领导者也会从那些帮助他们提高工作效率的员工中挑选"圈内"人。因此，建设性谏言与领导—成员交换有显著正向关系。另外，领导者能够从员工的建设性谏言中获得信息和情感支持，因此，信息资源和情感资源在建设性谏言与领导—成员交换的关系间起中介作用。

（二）团队或组织层面

1. 团队绩效

通过对谏言的定义我们可以看出，谏言对提高团队或组织绩效有着积极的影响，但实证结果显示，谏言与团队绩效之间并不一定正相关。Mackenzie、Podsakoff P M 和 Podsakoff N P（2011）的研究结果显示，谏言行为与工作组的任务绩效之间呈倒"U"形关系：在峰点之前，谏言正向影响工作组的任务绩效；在峰点之后，只有在高水平的关系导向 OCB 条件下两者的正向关系才成立。员工谏言与团队绩效之间的倒"U"形关系在中国样本中也得到了验证（邓今朝 等，2015）。Detert 等人（2013）的研究表明，针对不同对象的谏言行为数量可能会导致不同的团队绩效评估。面向上级的员工谏言行为数量与上级评估的团队绩效正相关，而面向同事的员工谏言行为数量则与上级评估的团队绩效负相关。这可能是因为，上级比平级同事更具有在团队层面实施变革的地位和合法权力；而向同事提建议可能能够在团队层面导致一些非实质性的变革，也可能在同事间形成无能为力的感觉。Frazier 和 Bowler（2015）则在群体水平上检验了群体谏言行为对群体绩效的影响，研究结果发现，群体谏言行为正向影响群体绩效。而 Li、Liao、Tangirala 和 Firth（2017）则基于调节焦点理论，讨论了促进性团队谏言和抑制性团队谏言对不同团队绩效的影响，研究结果表明，促进性团队谏言与团队生产力绩效正相关，而抑制性团队谏言与团队安全绩效正相关。但是 Sherf、Sinha、Tangirala 和 Awasty（2018）则认为，团队成员的谏言可能存在不利结果，即谏言中心化（谏言主要来自少数成员而不是平均分布在所有成员）不利于团队成员运用专业知识，因而会损害团队绩效。

2. 团队创新

Liang、Shu 和 Farh（2019）指出，团队成员谏言会促进团队创新，但不同的谏言类型影响创新的中介机制不同，其中促进性谏言能够激发团队知识利用，进而增强团队创新，而抑制性谏言通过对团队反省的非线性关系增强团队创新。邓今朝、喻梦琴和丁栩平（2018）从团队认知视角出发，探讨了员工谏言对团队创造力的影响，研究结果表明，员工谏言显著正向影响团队创造力，交互记忆系统（专长和信任）和知识共享在其中起中介作用。另外，Guzman 和 Espejo（2019）认为，单位可以利用员工通过谏言表达的想法、意见和建议来形成管理创新，即员工的促进性谏言能够促进管理创新。

3. 离职

有学者在 Hirschman（1970）提出的退出-谏言-忠诚模型以及其他学者观点的基础上指出，员工有时会谏言且依然留在组织当中而不管事情变化有多大或多快，但是相反地，员工也可能在谏言后退出组织，但这一问题并没有受到组织学者的关注。针对这一研究空白，McClean、Burris 和 Detert（2013）在团队层面探讨了员工谏言与离职的关系。由于谏言本身并不能自动让事情变得更好或更坏，谏言的潜在价值取决于那些有权力采取行动的人，即管理者，但并不是所有的管理者都能够且有动力对员工的建议采取行动，只有有能力对谏言做出反应的管理者或管理者存在变革动机或变革倾向才有可能对员工谏言做出有效反应。研究结果表明，管理团队变革倾向、管理者参与决策制定和管理者使用组织资源的权限调节了团队层面的谏言与离职。当这三个因素较低时，员工谏言与离职呈正相关关系；而当这三个因素较高时，两者呈负相关关系。

通过梳理上述文献我们发现，尽管以往很多文献对员工谏言这一主题进行了研究，但有关谏言结果这一重要领域的研究还非常缺乏，现有的对谏言结果的研究也更侧重于谏言对谏言者个人的影响，如绩效评估和公平感知等，只有极为少量的研究关注领导者是否认可或接纳谏言。因此后续研究需要更深入地了解领导者对谏言的反应，即面对员工谏言，领导者是否会做出纳谏反应，为何以及何时会做出纳谏反应等。

表 2-6 谏言的影响结果

分类	作者（年份）	理论基础	自变量	中介变量	因变量	调节变量	主要研究结论
个体层面——员工绩效	Whiting、Podsakoff 和 Piece（2008）	—	谏言行为	—	绩效评估	—	◆谏言行为显著正向影响绩效评估
	Seibert、Kraimer 和 Crant（2001）	—	谏言行为	—	薪酬增长、晋升、职业满意度	—	◆谏言行为显著负向影响薪酬增长和晋升 ◆谏言行为与与职业满意度没有显著关系
	Burris（2012）	—	支持性谏言、挑战性谏言	忠诚、威胁	谏言认可、绩效评估	—	◆相比于参与支持性谏言的员工，参与挑战性谏言的员工获得更差的绩效评估和更少的谏言认可 ◆管理者感知到的员工忠诚在谏言行为与谏言认可评估的关系间起中介作用 ◆管理者感知到的员工忠诚在谏言行为与谏言认可的关系间起中介作用 ◆管理者感知到的威胁在谏言行为与谏言认可的关系间起中介作用
	李方君和祁婷婷（2017）	社会认知理论	促进性谏言、抑制性谏言	工作自我效能感	工作绩效	谏言采纳	◆员工谏言行为与工作自我效能感显著正相关 ◆工作自我效能感在谏言采纳中介了谏言采纳的调节作用
	Huang X、Xu、Huang L 和 Liu（2018）	社会说服理论	促进性谏言频率、抑制性谏言频率	管理者感知到的谏言建设性	晋升可能性、绩效评估	LMX	◆抑制性谏言频率与晋升可能性呈倒"U"形关系 ◆LMX 调节了抑制性谏言频率与晋升可能性的倒"U"形关系 ◆促进性谏言频率与晋升可能性没有显著关系 ◆管理者感知到的谏言建设性中介了抑制性谏言频率与 LMX 的曲线交互对绩效评估的影响

表2-6(续)

分类	作者(年份)	理论基础	自变量	中介变量	因变量	调节变量	主要研究结论
个体层面——公平感知	Cohen-Charash 和 Spector (2001)	—	谏言行为	—	公平感知	—	◆谏言与分配公平、程序公平显著正相关 ◆在实证研究中,相比于分配公平、谏言与程序公平的关系更强 ◆在实验研究中,谏言与分配公平、程序公平的关系没有显著性差异
个体层面——谏言采纳	易洋和朱蕾 (2015)	社会说服理论的详尽可能性模型	谏言行为	感知谏言的建设性	谏言采纳、谏言征询	理性说服	◆感知谏言的建设性显著正向影响谏言采纳和谏言征询 ◆理性说服策略能够提高领导者对谏言的建设性感知,进而增加谏言采纳和谏言征询
个体层面——地位	McClean, Martin、Emich 和 Woodruff (2018)	期望状态理论	促进性谏言、抑制性谏言	同事评价的地位	领导力涌现	性别	◆促进性谏言(而不是抑制性谏言)的中介作用在正向影响领导力涌现,且这一关系在男性谏言者中更为显著
个体层面——地位	Weiss 和 Morrison (2019)	地位获得理论	谏言行为	代理感、交融感	社会地位	—	◆员工谏言通过增强同事认其为的焦点员工的代理感和交融感而导致更高的社会地位评估
个体层面——职场排斥	詹小慧、汤雅军和杨东涛 (2018)	社会比较理论	谏言行为	被妒忌	职场排斥	竞争氛围	◆被妒忌中介了谏言行为与职场排斥之间的关系 ◆团队竞争氛围越强,谏言行为与被妒忌之间的关系越强

表2-6（续）

分类	作者（年份）	理论基础	自变量	中介变量	因变量	调节变量	主要研究结论
个体层面—人际公民行为	Welsh, Outlaw, Newton 和 Baer (2022)	认知-动机-关系理论	促进性谏言、抑制性谏言	自豪、焦虑、人际规避	人际公民行为	谏言反应	◆促进性谏言显著正向影响自豪 ◆抑制性谏言显著正向影响焦虑 ◆促进性谏言通过焦虑对人际规避产生负向间接效应 ◆抑制性谏言通过焦虑对人际规避产生正向间接效应 ◆人际规避显著负向影响人际公民行为 ◆比起没有获得积极谏言反应和获得消极反应的抑制性谏言致使更低水平的焦虑 ◆比起获得消极谏言反应的促进性谏言，获得积极反应的促进性谏言带来更高水平的自豪
个体层面—领导—成员交换	Xu, Loi 和 Cai (2023)	资源理论和社会交换理论	建设性谏言	信息资源、情感资源	领导—成员交换	领导认知风格	◆建设性谏言与领导—成员交换显著正相关 ◆建设性谏言与信息资源显著正相关 ◆建设性谏言与情感资源显著正相关 ◆情感资源在建设性谏言与领导—成员交换关系间起中介作用 ◆领导者的创造性认知风格调节了建设性谏言与信息/情感资源之间的关系，领导者的独创性认知风格水平越高，建设性谏言与信息/情感资源之间的关系越强 ◆领导者信息规则管理认知风格调节了建设性谏言与信息资源之间的关系，领导者的规则管理认知风格水平越高，建设性谏言与信息资源之间的关系越弱

表2-6(续)

分类	作者(年份)	理论基础	自变量	中介变量	因变量	调节变量	主要研究结论
团队或组织层面——团队绩效	Mackenzie, Podsakoff P M 和 Podsakoff N P (2011)	—	谏言行为	—	工作组的任务绩效	—	◆谏言行为与工作组的任务绩效呈倒"U"形关系
	邓今朝、黄中梅和余绍忠 (2015)	—	谏言行为	—	团队绩效	团队成员目标取向	◆谏言行为对团队绩效的影响呈倒"U"形 ◆成员的绩效目标取向调节了谏言行为与团队绩效的关系
	Frazier 和 Bowler (2015)	社会信息加工理论	谏言氛围	群体谏言行为	群体绩效	—	◆群体谏言行为与群体绩效之间显著正相关
	Li, Liao, Tangirala 和 Firth (2017)	调节焦点理论	促进性谏言、抑制性团队谏言	团队创新、团队监控	团队生产力绩效、团队安全绩效	—	◆促进性团队谏言显著正向影响团队生产力绩效,且团队创新在两者间起中介作用 ◆抑制性团队谏言显著正向影响团队安全绩效,且团队监控在两者间起中介作用
团队或组织层面——团队创新	邓今朝、喻梦琴和丁栩平 (2018)	特质激活理论	谏言行为	交互记忆系统	团队创造力	团队学习行为	◆谏言行为显著正向影响团队创造力,且交互记忆系统在两者的关系间起中介作用 ◆团队学习行为增强了交互记忆系统与团队创造力之间的中介作用
	Guzman 和 Espejo (2019)	资源保存理论	促进性谏言	讨论想法的意愿	管理创新	资源可得性	◆讨论想法的意愿在促进性谏言与管理创新之间起中介作用 ◆资源可得性调节了讨论想法的意愿与管理创新之间的中介作用

表2-6（续）

分类	作者（年份）	理论基础	自变量	中介变量	因变量	调节变量	主要研究结论
团队或组织层面——离职	McClean、Burris 和 Detert（2013）	—	谏言行为	—	离职	管理团队变革倾向，管理者参与决策制定和管理者使用组织资源的权限	◆管理团队变革倾向，管理者参与决策制定和团队层面的员工的时候，员工谏言与离职。当这三个因素低的时候，员工谏言与离职之间正相关。当这三个因素高的时候，两者之间负相关

资料来源：本书笔者整理。

第二节　领导纳谏文献综述

一、领导纳谏的概念及相关概念的区分

（一）领导纳谏的概念

由员工谏言的建设性所引发的员工谏言影响因素的研究已慢慢趋近饱和，而谏言所具有的挑战性又让学者们意识到谏言行为不一定总是带来积极结果，因此一些学者将视野转移到了谏言的影响结果上，这使得谏言结果研究逐渐兴起，领导纳谏就是员工谏言结果的其中一种。近年来，对员工谏言行为的研究衍生了领导纳谏的相关研究，以往研究中所使用的一些构念可能能够为解释这一现象提供一些视角，例如管理开放性（managerial openness）（Detert et al.，2012）、谏言认可（voice endorsement）（Burris，2012）、谏言执行（voice implementation）（Chen，2019）等。还有一些比较宽泛的概念，如领导者反应（supervisory responsiveness）（Janssen et al.，2015）、建议采纳等（Feng et al.，2010；MacGeorge et al.，2015）。

目前，学术界并没有一个关于"领导纳谏"这一概念的清晰定义，但我们可以从相关研究中窥见一斑。早期与领导纳谏相关的研究大多聚焦于探讨管理开放性。早在 1998 年，Ashford、Rothbard、Piderit 和 Dutton 在研究议题销售时就提出了高层管理者接纳性的概念，他们认为，高层管理者的接纳性主要体现在管理开放性上，即高层管理者对下属的想法持开放态度，这是对下属员工议题销售和上行影响的有利组织情境。Detert 和 Burris（2007）在此基础上将管理开放性定义为，下属感知到他们的上级愿意倾听他们的意见，对他们的想法感兴趣并给予公平考虑，至少有时会针对这些提出的问题采取行动。他们对管理开放性的定义涉及领导者支持员工谏言，愿意倾听员工意见并在一定程度上对他们提出的问题采取行动，对领导纳谏的概念内涵有着重要启示。

有些概念的侧重点不同，如谏言认可、谏言执行等，它们可能只反映了领导纳谏某一方面的内涵。Burris（2012）提出谏言认可的概念，更进一步地贴合了领导纳谏的说法，他将谏言认可定义为领导者对员工提出的建议给予倾听、注意与分配资源的程度，表现在上级认为员工所建议的变革具有潜在价值并愿意将员工建议传达给更高级别领导者的程度。这一概

念的内涵同样更多反映了领导者对员工谏言的态度，更多侧重于支持和鼓励员工谏言，为定义领导纳谏的内涵提供了基础。管理者咨询行为也反映了领导者对员工谏言的鼓励和支持，它是指员工感知到管理者征求、倾听或关注自己的意见、建议或想法的程度（Tangirala et al.，2012），该行为更多侧重于领导者向下属员工征求意见或建议，反映了领导纳谏某一方面的内涵。Chen（2019）在 Baer（2012）提出的创意执行（implementation of creative ideas）构念内涵的基础上提出了谏言执行（voice implementation）的概念，它是指上级付出精力和花费资源执行员工建议的程度，这反映了领导纳谏的执行内涵。

随着学术界对员工谏言行为日益丰富的探讨，一些与领导纳谏相关的研究聚焦于领导者对员工谏言的反应上。Janssen 和 Gao（2015）则在 Saunders、Sheppard、Knight 和 Roth（1992）的研究基础上直接提出了上级反应这一构念，它是指员工认为他们的上级能够公平、及时、公正、愿意采取行动并有效处理他们谏言的程度。该构念则更多侧重于领导者对员工谏言的积极反应。但上级对员工谏言的反应应该是一个更为广泛的概念，Chiaburu、Farh 和 Van Dyne（2013）就指出，上级对员工谏言的反应既可以是积极的也可以是消极的，管理者可以根据下属所提想法、谏言行为本身以及谏言者这三个方面对谏言事件做出反应。管理者可以接受或拥护想法也可以攻击或批评想法，可以欢迎或提倡谏言行为也可以忽视或公开指责谏言行为，可以表扬或奖励谏言者也可以训斥或惩罚谏言者。总而言之，上级对谏言的反应是领导者对下属所提想法、谏言行为本身或谏言者所做出的认知、情感或行为上的反应，因此 Chiaburu、Farh 和 Van Dyne（2013）所提到的反应涉及的范畴比纳谏更为广泛。由此可见，上级对员工谏言的反应是一个非常广泛且全面的概念，但在实证研究中却难以操作实施，因此我们只选取了其中部分视角来对领导纳谏进行阐释。

另外，建议采纳的相关文献也可以为界定领导纳谏的内涵提供一定启发。建议采纳是决策者参考他人建议并最终形成决策的过程（徐惊蛰 等，2009），它侧重于采纳建议和形成决策，这也可以视为领导纳谏内涵的一部分。领导者的重要职能之一就是决策，而单靠其个人知识和能力很难做出准确决策，因此在决策的过程中他们需要参考他人的意见和建议。但是建议采纳更多发生在决策过程中，领导纳谏存在的范围则更为广泛。它可以是领导者在决策过程中参考他人建议，可以是日常工作中收集听取员工提出的与工作相关的问题、意见或建议，也可以是领导者与员工的私下沟通等。同时，由于员工谏言是上行沟通行为的一种方式，领导纳谏也是一种人际互动，是上级与下属员工之间的沟通，如果沟通是有效的，那么将会出现领导者采纳员工谏言的行为，反之则不会出现。He 和 Zhou（2014）认为，领导纳谏是一个动态过程，它包括态度转变和行为实施两个阶段，态度转变是纳谏的第一个阶段，它是指领导者对员工谏言的认可，这与 Burris（2012）所提出的谏言认可概念一致；行为实施是纳谏的第二个阶段，主要是指被认可谏言的采纳和实施。

由此可见，学术界尚缺乏对领导纳谏这一构念的认知，并没有对领导纳谏做出清晰定义，现有少量研究大多采用上级反应、谏言认可来定义谏言采纳（如易洋 等，2015；张龙 等，2016；王凯 等，2018），这些构念只能反映出纳谏的部分内涵，并不能充分显现出领导纳谏的真正内涵。还有一些理论定义则太过宽泛，虽然反映了上级对员工谏言反应的方方面面，但的确很难实际操作。还有一些研究则认为，接收谏言的领导者不仅包括谏言者的直接领导者，还包括其他更高一级的领导者（Garner，2013）。本书借鉴前人的相关研究，在上级对员工谏言反应的内涵基础上进行一定程度上的范畴缩小，并根据认知评价理论选取适当视角，认为领导纳谏是领导者对员工谏言的一种认知评估过程，它是领导者对员工谏言的积极反应，具体指领导者在何种程度上鼓励员工谏言，征求与听取员工的意见、建议或想法，对员工的意见、建议或想法进行分析和评判，并将合理的意见、建议或想法在实际工作中加以实施的过程。另外，本书将领导者定义为员工的直接上级。

领导纳谏相关概念如表 2-7 所示。

表 2-7　领导纳谏相关概念

相关构念	文献来源	定义	对定义领导纳谏内涵的启示
高层管理开放性	Ashford 等（1998）	高层管理者对下属的想法持开放态度	鼓励谏言、愿意倾听下属想法
管理开放性	Detert 和 Burris（2007）	下属感知到他们的上级愿意倾听他们的意见，对他们的想法感兴趣并给予公平考虑，至少有时会针对这些提出的问题采取行动	愿意倾听并做出反应

表2-7(续)

相关构念	文献来源	定义	对定义领导纳谏内涵的启示
谏言认可	Burris (2012)	领导者对员工提出的建议给予倾听、注意与分配资源的程度，表现在上级认为员工所建议的变革具有潜在价值并愿意将员工建议传达给更高级别领导的程度	支持和鼓励谏言
管理者咨询行为	Tangirala 和 Ramanujam (2012)	员工感知到管理者征求、倾听或关注自己的意见、建议或者想法的程度	求谏
谏言执行	Baer (2012)；Chen (2019)	上级付出精力及花费资源执行员工建议的程度	执行谏言
上级反应	Saunders 等 (1992)；Janssen 和 Gao (2015)	员工认为他们的上级能够公平、及时、公正、愿意采取行动并有效处理他们谏言的程度	对谏言做出积极反应
上级对谏言的反应	Chiaburu，Farh 和 Van Dyne (2013)	领导者对下属所提想法、谏言行为本身或谏言者所做出的认知、情感或行为上的反应，既可以是积极的也可以是消极的	对谏言的反应既有消极的也有积极的，且内容丰富
领导纳谏	He 和 Zhou (2014)	领导纳谏是一个动态过程，它包括态度转变和行为实施两个阶段	纳谏是一个动态过程

资料来源：本书笔者整理。

（二）相关概念的区分

（1）建议采纳（advice taking）。建议采纳是现实决策制定的一个重要组成部分，以建立决策问题的相关信息基础（Yniv et al.，2000），它是指决策者参考他人建议并最终形成决策的过程（徐惊蛰 等，2009）。事实上，我们在现实中遇到的很多问题都具有较高的复杂性，它不像课本中描述的问题那样设定很多前提给予相关信息，因此许多重要的决策并不是由个体单独做出的，他们可能会向值得信赖的建议者征求意见，评估每条意见的优缺点，然后结合这些信息做出自己的判断和决策（Bonaccio et al.，2006）。因此，一系列的社会认知过程在个体决策制定中起着重要作用，包括询问他人建议、评估他们的专业性、整合观点以及试图调和不一致观点等（Yniv et al.，2000）。这些建议可能来自父母、朋友、同事甚至上级，采纳建议的个体可能是社会上的任何一个人，因此建议采纳是一个广泛的社会概念，在日常生活中经常发生。工作场所中发生的建议采纳中所包含的信息流动是双向的，即既有可能是领导者采纳下属建议，也有可能是下属采纳领导者建议，但是建议采纳更多发生在个体决策的过程中，其积极结果帮助决策者提高决策质量。领导纳谏的概念则相对不同，它所包含的信息流动是单向的，即领导者采纳下属提出的建议和意见，而且领导纳谏不仅适用于决策制定，也适用于其他改正错误、改善工作条件等情况。

（2）观点采择（perspective taking）。包容接受他人观点的能力一直以来被认为是社会正常运转的关键因素（Galinsky et al.，2000），观点采择就是这样一种能力，它是指站在他人角度或设身处地地想象世界的过程（Galinsky et al.，2005），也就是说，观点采择是观察者试图站在他人角度进行换位思考，理解他人的想法或动机的一种动态过程。观点采择对社会互动有着非常多的积极效果，例如考虑他人观点和立场有助于帮助需要帮助的人，在对他人形成印象的过程中能够减少刻板印象（Galinsky et al.，2000）、增加谈判的有效性（Neale et al.，1983）、减少判断中各种以自我为中心的偏见等（Savitsky et al.，2005）。有的学者甚至将观点采择作为一种个体差异来进行研究（Davis，1983），他们认为，有的人更容易站在他人角度思考问题，而有的人则相对缺乏这种能力。由此可见，观点采择适用于整个社会的人际互动，更侧重于社会互动过程中个体如何站在他人角度进行思考，是个体主动感知他人的过程。而领导纳谏则是领导者对员工谏言做出的积极反应，尽管在纳谏的过程中领导者会主动寻求帮助、征询谏言，但这并不包含主动站在员工视角来对问题进行思考的内涵，更侧重于对员工谏言的认知评估过程。

（3）上级反应（supervisory responsiveness）。基于 Saunders、Sheppard、Knight 和 Roth（1992）的观点，Janssen 和 Gao（2015）将上级反应定义为员工感知到的群体内管理者对员工谏言的公平和尊重对待。这一定义侧重于上级对谏言的积极反应，因而它会给谏言者带来积极的影响，如增强员工的地位感知并增加其随后的谏言行为等。但是管理者对谏言的反应是比较复杂的，它是领导者对进谏者、进谏内容及进谏行为所产生的包括认知、情感和行为方面的反应（Chiaburu et al.，2013），包括积极反应和消极反应，例如上级反应可以是奖励、惩罚、宽恕、漠视或操控（Lin et al.，2016）。具体来说，当领导者不愿意纳谏时，他们可能会认为员工的想法是不合适的，甚至偏离了现有任务和计划，他们会认为员工的谏言行为打破了现有的领导—下属层级角色关系，会视谏言者为一种个人威胁，因此他们会表现出一系列的情绪反应，如焦虑、愤怒等，以及一些消极的行为，如贬低员工提出的想法、谏言行为等；而当领导者对纳谏持开放态度时，则会表现出一系列的积极反应，包括积极的认知、情绪和行为，如鼓励谏言、兴奋、奖励进谏者等（Chiaburu et al.，2013）。由此可见，相比于领导纳谏，上级反应应该是一个更为广泛的范畴，它包含认知、情绪和行为三个方面，且既有积极反应也有消极反应，而本书定义的领导纳谏虽然是一个认知评估过程，但其更多表现为认知上的认可以及行为上的采纳和执行，是对员工谏言的一种积极反应。

（4）上级对异议的反应（supervisors' responses to employee dissent）。不同意上级的意见是一个充满风险的选择（Waldron et al.，2011），它可能会导致异议者获得较低的绩效评估（Klaas et al.，1989）。Milliken、Morrison和Hewlin（2003）也发现，害怕被排斥是员工保持沉默的主要原因之一，另外还包括害怕被报复以及认为异议无用等。这些研究结论表明，上级对员工异议的反应更可能偏向负面，而害怕获得上级的负面反应可能使得员工不会提出有价值的观点。以往研究更多关注组织异议的重要性，然而上级对异议的反应也同样重要。Garner（2016）在以往研究的基础上提出了自己的研究问题，即"管理者们如何对组织异议做出反应"。Garner通过访谈并对访谈材料进行整理，提出了上级异议反应的五个方面：①渴望开放（desire to be open），即对员工异议持开放和鼓励态度；②工具支持（instrumental support），即领导者通过促进变革或允许异议者采取行动来支持员工异议；③无权行动（not in my power to act），即领导者告诉异议者他们没有权力实施变革；④解释说明（explaining），即领导者拒绝支持变革并向异议者解释维持现状的原因；⑤拒绝异议（rejecting dissent），即拒绝给予员工质疑政策或组织实践的权力，也就是说上级清晰表明员工不能表达异议或对员工挑战现状的行为表示恼怒或愤怒。综上所述，相比于领导纳谏，上级对异议的反应是一个更为宽泛的概念，它既包括积极反应也包括消极反应，但上级对异议的反应对象是员工异议，这比领导纳谏的对象相对狭窄。

领导纳谏相关概念的区分如表2-8所示。

表 2-8　领导纳谏相关概念的区分

相关构念	定义	与纳谏的关系
建议采纳	决策者参考他人建议并最终形成决策的过程	建议采纳是一个广泛的社会概念；工作场所中发生的建议采纳中所包含的信息流动是双向的；建议采纳更多发生在个体决策的过程中，其积极结果帮助决策者提高决策质量。领导纳谏的概念则相对不同，它所包含的信息流动是单向的，即领导者采纳下属提出的建议和意见，而且领导纳谏不仅适用于决策制定，也适用于其他改正错误、改善工作条件等情况
观点采择	站在他人角度或设身处地地想象世界的过程	观点采择适用于整个社会的人际互动，更侧重于社会互动过程中个体如何站在他人角度进行思考，是个体主动感知他人的过程。而领导纳谏则是领导者对员工谏言做出的积极反应，尽管在纳谏的过程中领导者会主动寻求帮助、征询谏言，但这并不包含主动站在员工视角来对问题进行思考的内涵，更侧重于对员工谏言的认知评估过程
上级反应	管理者对谏言的反应是比较复杂的，它是领导者对进谏者、进谏内容及进谏行为所产生的包括认知、情感和行为方面的反应	相比于领导纳谏，上级反应应该是一个更为广泛的范畴，它包含认知、情绪和行为三个方面，且既有积极反应也有消极反应。而本书定义的领导纳谏虽然是一个认知评估过程，但其更多表现为认知上的认可以及行为上的采纳和执行，是对员工谏言的一种积极反应
上级对异议的反应	上级对员工异议所表现出来的一系列反应，包括渴望开放、工具支持、无权行动、解释说明和拒绝异议	相比于领导纳谏，上级对异议的反应范畴更为宽泛，既包括采纳的一面，也包括拒绝的一面；而领导纳谏则偏向于纳，表现的是管理者开放、鼓励、倾听、评判、采纳和执行谏言。但领导纳谏的对象更为广泛，为员工谏言，上级对异议的反应则针对的是员工异议

资料来源：本书笔者整理。

二、领导纳谏的测量

由于学术界对领导纳谏的关注不足，目前并没有关于其概念的系统阐述，因此缺乏能对其进行测量的工具。以往研究尽管采用"纳谏""纳言""谏言采纳"等字眼来进行描述，但大多沿用西方上级反应或谏言认可的定义，并采用相应的测量工具来进行研究。现有文献中有关领导纳谏的测量工具有的侧重于征求谏言；有的侧重于谏言认可；有的侧重于谏言执行；有的描述为管理开放性，突出管理者对谏言的鼓励态度；还有的研究采用上级反应等进行描述，侧重于领导者对员工谏言的积极反应。总而言之，目前学术界对于领导纳谏的描述较为丰富，且各有侧重，领导纳谏尚没有清晰统一的描述，也没有信效度良好的测量工具。本书主要从纳谏的相关研究入手，整理归纳相关构念的测量工具，以期为后续研究提供借鉴。

早期学者大多从管理开放性角度来探讨领导者对员工议题销售或谏言的态度，这也是影响员工谏言或沉默的重要管理者因素之一。Ashford 等人（1998）在研究议题销售的影响因素时探讨了管理者接纳性（top-management receptiveness）的重要作用，并在 House 和 Rizzo（1972）组织实践调查问卷的基础上形成了高层管理开放性量表，共 6 个题项，如"当向管理者提出建议时，他们能够获得公平评价"等。Detert 和 Burris（2007）则是通过在一家休闲餐厅连锁店收集数据，在 Ashford 等人（1998）的研究基础上针对员工谏言行为编制了管理开放性的量表，共 4 个题项，如"我的领导对我的想法感兴趣""我的领导会对我提出的问题采取行动"等。该量表由于其简洁性而受到后续研究者们的青睐（如 Grant et al., 2011；Kopald，2012）。有的学者从谏言的对立面——沉默视角出发，探讨管理者对沉默的态度。Vakola 和 Bouradas（2005）认为不同级别的管理者对沉默的态度可能有不同表现，因此他们开发了不同级别的管理者对沉默的态度量表：其中高层管理者对沉默的态度共 5 个题项，如"在企业中，人们感到能自由地表达自己的想法"等，该量表主要反映出高层管理者对谏言是否持支持和鼓励态度；上级对沉默的态度主要指员工的直接领导者对沉默的态度，共 5 个题项，如"我相信我的上级会从他的合作伙伴那里寻求批评意见"等，该量表则更为细化，但其意见来源主要体现为合作伙伴，缺乏对下属员工的意见和建议的关注。

领导者对谏言的反应则更能够直观地反映出领导纳谏的内涵，对领导纳谏的后续研究也具有借鉴意义。Burris（2012）认为谏言认可是上级对员工谏言的重要反应之一，他探讨了不同的谏言类型对谏言认可的影响，因此编制了谏言认可的量表，共 5 个题项，如"我认为这个人的意见是有价值的""我认为这个人的意见应该被执行"等。该量表更多体现的是领导者对员工谏言的赞同和认可。谏言征求也是管理者对谏言的一种态度和反应，主要体现出领导者虚心求谏、主动征询谏言的行为，该量表由 Fast、

Burris 和 Bartel（2014）开发，共 4 个题项，如"领导亲自询问我在之前工作中是如何处理事情的""领导会亲自询问我那些有利于绩效提升但他/她尚不知道的技能"等。建议采纳也是领导纳谏的核心内容，尽管大部分学者采用 WOA 来计算建议采纳程度（如 Kausel et al.，2015；段锦云 等，2016），但也有学者倾向于采用量表的形式进行测量（如 See et al.，2011）。See 等人（2011）编制了建议采纳量表，共 2 个题项，如"开明地根据同事的意见重新考虑决策"等，但该量表更侧重于个体决策过程中的建议采纳以帮助更好地进行决策，且建议采纳者不一定是领导者，提供建议的人也不一定是下属员工。另外，有的学者则从执行视角来探讨领导谏言反应，主要包括谏言执行意愿或谏言执行情况。Fast、Burris 和 Bartel（2014）编制了谏言执行意愿的量表，共 4 个题项，如"我会把这个人的意见传递给我的领导""这个人的意见会引发我对计划的重新思考"等。Chen（2019）则是直接改进创意执行量表来测量谏言执行，共 3 个题项，如"这个员工的想法已经被运用于市场或被成功执行"等。这些量表更侧重于接受员工的意见、建议或想法，并将它们付诸实践。

还有一些学者倾向与使用综合性构念来直接对纳谏现象进行讨论，如管理者对谏言的反应（management's responsiveness to voice）、上级反应（supervisory responsiveness）、系统反应（system responsive）等。管理者对谏言的反应会对员工的留职行为产生重要影响（Spencer，1986），该量表共 10 个题项，如"组织的领导者没有提供足够的机制来让员工有效表达他们的不满（反向题项）""人事经理开放地接收员工的抱怨或投诉"等。该量表涉及的管理者类别较多，包括老板、人事经理和员工的直接上级等，同时涉及的管理者谏言反应行为也较为丰富，包括鼓励谏言、询问意见、开放倾听等方面。Saunders、Sheppard、Knight 和 Roth（1992）则将谏言反应的主体定义为员工的直接领导，他们开发了上级反应的量表，共 6 个题项，如"当我提出与组织有关的问题时，我的领导会公平对待""我的领导会仔细倾听我所提出的问题"等。该量表相对比较综合和全面，反映了领导者对谏言的积极认知过程。良好的谏言系统是谏言能够传递给管理者的重要保障（Frese et al.，1999），它能够提高谏言的数量和质量（Womack et al.，1996），但系统反应是否及时决定了谏言的功效能否得到充分发挥。Frese、Teng 和 Wijnen（1999）提出了系统反应①的概念并编制了相应量表，共 8 个题项，如"我认为某个建议被执行的可能性很大"等。

上级支持是一个内涵非常丰富的概念，其中所包含的对员工关心问题的支持也属于领导者对谏言反应的范畴。Blackburn（1988）在研究员工异议时编制了上级支持员工异议量表，共 7 个题项，如"我的上级鼓励我说出安全性问题""我的上级对我关心的问题感兴趣"等。Frese、Teng 和 Wijnen（1999）则提出了上级支持员工提出建议的支持量表，共 2 个题项，如"我的上级鼓励我提出建议"等。上级支持量表更多表现出领导者对员工谏言的积极鼓励和支持态度，以及会对员工谏言做出及时反应等。

综上所述，现有文献中相关构念的测量题项反映出领导纳谏的某些内涵，如管理者鼓励员工谏言、征求谏言、认可谏言和执行谏言等，但它们侧重的管理行为也说明了，它们不可能成为领导纳谏的代名词（见表 2-9）。正如上文所定义的那样，纳谏应该是一个认知评估过程，它所包含的内涵较为丰富，但它也绝不是某些构念的简单组合。对领导纳谏内涵的认知不足以及测量工具的缺失，也限制了我们对纳谏的理解以及后续研究的深入开展，因此我们需要开发出领导纳谏的测量量表，为后续研究奠定基础。

表 2-9　领导纳谏相关测量

文献来源	相关构念	示例	对领导纳谏量表开发的启示
Ashford 等（1998）	管理者接纳性	当向管理者提出建议时，他们能够获得公平评价	支持、鼓励员工谏言
Detert 和 Burris（2007）	管理开放性	我的领导对我的想法感兴趣	鼓励员工谏言
Vakola 和 Bouradas（2005）	高层管理者对沉默的态度	在企业中，人们感到能自由地表达自己的想法	鼓励员工谏言
	上级对沉默的态度	我相信我的上级会从他的合作伙伴那里寻求批评意见	鼓励员工谏言、征求意见

---

① 系统反应是指，员工认为谏言能够获得管理者及时公平反应的程度（Frese et al., 1999）。

表2-9(续)

文献来源	相关构念	示例	对领导纳谏量表开发的启示
Burris (2012)	谏言认可	我认为这个人的意见是有价值的	谏言认可与支持
Fast 等 (2014)	谏言征求	领导者亲自询问我在之前工作中是如何处理事情的	求谏
See 等 (2011)	建议采纳	开明地根据同事的意见重新考虑决策	思考分析、吸纳建议
Fast 等 (2014)	谏言执行意愿	我会把这个人的意见传递我的领导	吸纳意见、执行意见
Spencer (1986)	管理者对员工谏言的反应	人事经理开放地接收员工的抱怨或投诉	鼓励员工谏言、征求意见
Saunders 等 (1992)	上级反应	我的领导会仔细倾听我所提出的问题	倾听谏言、公平对待谏言
Frese 等 (1999)	系统反应	我认为某个建议被执行的可能性很大	执行谏言
Blackburm (1988)	上级对员工所关心问题的支持	我的上级鼓励我说出安全性问题	鼓励员工谏言
Fres 等 (1999)	上级对员工建议提出的支持	我的上级鼓励我提出建议	鼓励员工谏言

资料来源：本书笔者整理。

三、领导纳谏研究的理论基础

以往有关领导纳谏相关研究的理论基础包括建议反应理论、心理威胁视角、说服理论、评判者—建议者系统理论、建议折扣效应等，下面将对这些理论的内涵以及与领导纳谏研究的关系进行详细阐述（见表2-10）。

（一）建议反应理论（advice response theory）

建议是人际交往过程中的一种支持性沟通方式。处在日常生活中的我们常常扮演着建议寻求者的角色，同时也扮演着建议提供者的角色（Feng et al.，2008）。建议有时会给接收者带来积极影响，即接收者能够从他人提供的建议中获取有效信息并运用到决策过程中，从而减少因决策所带来的困扰，提高决策准确性，此时接收者也会对建议者形成良好印象。但建议有时也会给接收者带来不利影响，它们可能会影响接收者的原始决策，破坏其独立思考能力，使其在决策过程中更加摇摆不定，甚至影响决策结果，此时接收者可能对建议者形成不良印象（Servaty et al.，2007）。提供建议和接收建议是我们日常生活中普遍存在的现象，它们对我们的日常决策和工作决策产生非常重要的影响，因此学术界非常关注这一话题（Goldsmith，1994；Harvey et al.，1997）。学者们提出建议反应理论来探讨哪些因素可能会对建议结果产生影响。

早期的建议反应理论认为，信息特征和建议者特征是影响建议结果的重要因素，且该观点得到了众多研究的证实。学者们认为，当建议有效性、可行性和确证性高且限制性低时更能获得接收者的认可与采纳（MacGeorge et al.，2004；Feng et al.，2008）。另外，还有的学者认为，如果建议者在提供建议的过程中采用了礼貌性用语，则会增强接收者的有用性感知，进而更可能采纳建议（Goldsmith et al.，2000；MacGeorge et al.，2002；Feng et al.，2010）。建议者特征也是影响建议结果的重要因素，大量研究表明，如果建议者具有专业性高、可靠性高、与接收者的关系更为亲密、与接收者相似性高（包括人口统计学特征相似和价值观相似等）等特征，那么建议则更可能被采纳（Dalal et al.，2010；Van Swol，2011），但是信息特征对接收者对建议评估的影响更强（Feng et al.，2010）。

早期的建议反应理论存在一定缺陷，因为其只考察了信息特征和建议者特征对建议结果的影响，忽视了其他重要因素的影响。因此 MacGeorge、Guntzviller、Hanasono 和 Feng（2016）对建议反应理论进行了改进，他们认为建议结果应该是建议者、信息特征和情境因素共同作用和交互作用的结果。他们认为，信息特征比建议者特征对建议结果的影响更强；建议者特征通过信息特征的中介作用对建议结果产生影响；信息特征和建议者特征所导致的建议结果不同；情境因素对信息特征和建议结果之间的关系起调节作用。他们还对提出的观点进行了实证检验，探讨了建议者特征、信息特征和情境因素对三种建议结果的影响。研究结果表明，建议者特征对建议质量、建议应对促进和建议实施意图并不产生直接影响，而是通过信息特征（有效性、可行性、无限制性、礼貌性）的中介作用对建议质量和建议应对促进产生间接影响。情境因素（问题严重性和解决方案的不确定性）对信息特征和建议应对促进之间的关系起调节作用，问题越严重、解决方案越不确定，信息特征越能促进建议应对。另外，性别能够调节信息特征与建议结果之间的关系，在女性被试者中，信息特征与建议实施意图之间的关系更强。

（二）说服理论（persuasion theory）

Hovland 等人提出的说服理论以信息传递模型为基础，它的基本假设是基于求变的动机强过不变的动机，这样信息接收者才有被说服的可能。信息传递模型的核心观点在于信息传递过程决定说服效果，信息源、信息、信道（情境）以及信宿（接受者）是信息传递过程的四个关键变量（McGuire，1985；O'Keefe，1990；张龙 等，2016），这也是影响说服效果的四个主要因素。信息源是指信息的来源或信息传递者自身的特点；信息是指被传递的信息所具有的特点，它是否能够引起接收者的兴趣，并得到其理解和认同将影响说服的效果；信道是指信息被传递时所在环境的特点或者传递信息的途径；信宿是指信息接收者自身的特点（严瑜 等，2016；张龙 等，2016）。

Whiting 等人（2012）基于说服理论构建了管理者对谏言的绩效评价反应模型，他们从信息、信息源和信道这三个说服因素探讨了谏言信息（message）、谏言来源特征（source）以及情境（context）对管理者对谏言者绩效评估的影响，研究结果表明，谏言提供的解决方案越详细、属性框架越积极、谏言者越专业且越值得信赖、谏言时机越早以及组织鼓励谏言时，管理者感知到谏言的建设性就会越高，谏言者就越可能获得较高的绩效评价。魏昕和张志学（2014）则从谏言者专业性出发，认为下属越专业，其谏言越具有说服力，管理者越可能采纳其建议。张龙和李想（2016）在说服理论的基础上提出了管理者纳言的说服过程模型，他们认为，谏言者、信息、情境以及管理者等因素会对说服效果和领导纳谏决策产生重要影响。

易洋和朱蕾（2015）则提出了社会说服理论的详尽可能性模型（the elaboration likelihood model，ELM）。详尽可能性模型将态度改变分为中心路线（central route）和边缘路线（peripheral route）。被说服者态度改变存在三种可能：中心态度改变、边缘态度改变和不改变（Petty et al.，1986）。当进谏者遵从详尽路径即中心路线时，说服效果会达到最佳。他们基于该理论探讨了员工谏言与谏言采纳和谏言征询之间的关系，发现当管理者感知到谏言的建设性时，会产生采纳和征询谏言行为，且该过程受到理性说服的调节。上述研究均表明，说服理论的四个因素会对说服效果产生重要影响，且它们除了会单独影响说服效果外，还可能同时作用或交互作用于说服效果。员工谏言和领导者采纳谏言可以被认为是一种沟通行为，两者之间可以是一种说服与被说服的关系，因而说服理论用在谏言与纳谏的关系研究中是非常适合的。

（三）评判者—建议者系统理论（judge-advisor system，JAS）

许多建议采纳的研究依赖于评判者—建议者系统范式，它由 Sniezek 和 Buckley（1995）提出，该理论在建议采纳的相关研究中被普遍运用，并获得了大量颇具启发意义的结果。在评判者—建议者系统中，评判者负责做出最终的决定，但是在做出最终决定之前，评判者会接触到与决策问题有着共同利益的一个或多个建议者的建议。在评判者—建议者系统的文献中，研究不是采用了选择任务（choice tasks），就是采用了判断任务（judgment tasks）（Bonaccio et al.，2006）。在第一种情况下，评判者必须从若干定性备选方案中进行选择；在第二种情况下，评判者必须提供定量估计。在大多数使用选择任务的评判者—建议者系统研究中，建议者从若干选择中选择要给出的建议（Sniezek et al.，1995），例如，该建议可以被表达为"选择选项 X"。相反，在实验判断任务的实验研究中，建议通常是来自另一个参与者的估计（Yaniv，2004），例如，一个评判者要估计某个事件发生的年份或基于一张照片来估计某人的体重，那么所提供的建议则是另一个参与者面对相同任务时所给出的估计，被表达为"该建议者的估计是 Y"（Gino，2008）。

在传统的评判者—建议者系统中，评判者不被允许决定是否接受建议，他们会自动接收到建议，但在一些研究中，决策制定者要求提供建议（Gardner et al.，1995）。评判者—建议者系统避免了只研究个体决策制定或由群体中拥有相同角色的人进行决策制定的极端（Sniezek et al.，2001），它将提供建议和信息的人（建议者）与负责做出决定的人（决策者）区分开来。但评判者—建议者系统理论存在不少缺陷。首先，研究中缺乏对建议内容本身、领导者以及建议采纳行为的探讨，往往通过选择性任务和判断性任务来对建议进行简化，不考虑建议的内容，而更多关注建议采纳的程度，用 WOA 来进行计算。其次，评判者—建议者系统的研究范式缺乏对个性等个体因素以及权力等人际因素的研究（Bonaccio et al.，2006；周浩，2012），一些中国情境因素（如关系、面子等）对建议采纳的影响更是难以体现。

（四）建议折扣效应（advice discount effect）

从一个外部客观的角度来说，决策者的意见和接收到的建议都是数据，因此在其他条件相同的情况下，它们应该被赋予相同的权重（Yaniv et al., 2000）。然而，决策者视角和其心理力量使得他更为重视自己的观点和建议，因而他们不会平等对待自己的观点和接收到的建议。个体能够优先且充分地获得他们持有自己观点的原因，而他们对于他人持有某观点的理由的了解是有限的，这种支持自己的观点和他人的建议之间的本质区别导致了决策者对自己的观点和他人的建议会赋予不同权重。在判断行为分析中，人们普遍认为，分配给假设或估计的心理权重与该估计所能够获得支持量直接相关（Tversky et al., 1994），这种推理导致了折扣假设，即当面对自己观点与一些建议之间的分歧时，在整合过程中决策制定者倾向于对建议者的意见打一定折扣（Yaniv et al., 2000），而更多支持自己的观点。在判断估计任务（judgmental estimation task）中，决策者基于自己的最初观点和一些建议来形成最终决定，但是决策者倾向于赋予自己的观点更高的权重，尽管决策制定者对建议的质量非常敏感（好或差），他们还是不管建议质量而倾向于对建议打折扣。

这种自我中心的评判在社会背景下非常普遍，在 Harvey 和 Fischer（1997）的一项线索学习研究中，受访者对建议者的估计打了 20%~30% 的折扣。Lim 和 O'Connor（1995）的研究也发现，比起建议者在统计上预测，评判者对他们自己的预测赋予了更高权重，而当建议者的建议被作为一个选择时，决策者更可能忽略这些有用的建议。Yaniv（2004）的研究发现，当决策者拥有更对的知识时，这种折扣效应就会更强。另一种自我中心效应则是"距离效应"（distance effect），它是指当建议者的建议与决策者的初始意见之间的差别越大、距离越远（内容距离）时，决策者将会给该建议赋予越低的权重（Yaniv, 2004）。但是 Gino（2008）认为，尽管决策者在接受建议的过程中存在建议折扣效应，但在不同情况下的折扣效应大小不同。如果决策者是通过付费才获得某个建议，那么它会产生一种沉默成本效应，因而会提高决策者对建议的重视程度和使用频次，减少建议的折扣效应。

表 2-10　相关理论基础及其对本书的启示

相关理论	参考文献	主要观点	对本书的启示
建议反应理论	MacGeorge、Guntzviller、Hanasono 和 Feng（2016）	建议反应理论的核心在于建议者、信息以及情境因素的共同作用和交互作用，并对一系列建议结果产生不同影响	信息特征是本书考察的一个重点，不同的谏言类型（促进或抑制）可能会导致领导者的不同评估，进而产生不同结果。另外，该理论中关于信息与情境因素交互作用的论述也为本书提供了一定启示
说服理论	McGuire（1985）；O'Keefe（1990）；张龙和李想（2016）	信息传递过程决定说服效果，信息传递过程主要涉及信息源、信息、信道（情境）以及信宿（接受者）四个关键变量。这四个变量既能独立对说服效果产生影响，也可以通过交互作用产生影响	说服理论的观点可以为本书的模型构建提供一定启示。例如，信息因素会影响领导者对谏言的评估，以及信息因素与情境因素的交互作用也会对领导者评估产生影响等
评判者—建议者系统理论	Sniezek 和 Buckley（1995）	在评判者—建议者系统中，评判者负责做出最终的决定，但是在做出最终决定之前，评判者会接触到与决策问题有着共同利益的一个或多个建议者的建议	评判者—建议者系统理论存在不少缺陷，其中包括相关研究均不涉及领导者本身及其纳谏行为，而本书则恰好弥补了这一理论缺陷，探讨领导者自身在纳谏过程中的重要作用
建议折扣效应	Yaniv 和 Kleinberger（2000）	个体能够优先且充分获得他们持有自己观点的原因，而他们对于他人持有某观点的理由的了解是有限的，这种支持自己观点和他人观点之间的本质区别导致了决策者对自己的观点和他人的建议会赋予不同权重	该理论更适用于决策者对建议采纳程度的相关研究，本书尽管也涉及领导者对谏言的评估，但更多侧重于心理感知以及后续的纳谏行为，并没有涉及赋予谏言权重以及采纳程度

资料来源：本书笔者整理。

四、领导纳谏的影响因素

由于对领导纳谏的研究工作尚处于探索阶段，本书对领导纳谏影响因素的整合参考了其他类似变量的相关研究。本书将从谏言者因素、决策者因素、谏言特点以及情境因素对领导纳谏的影响因素进行详细回顾（见表 2-11）。

（一）谏言者因素

1. 专业度

人们总是习惯性地更为关注专家的反馈意见（Albright et al., 1995），这可能是因为专家的专业知识让人觉得可靠性更高（Bannister, 1986）。当谏言者具有较高的专业性时，管理者会感知到更高的建设性，因而更可能给予谏言者较高的绩效评价（Whiting et al., 2012）。魏昕和张志学（2014）的研究表明，下属专业度越高，上级越有可能采纳其促进性谏言，而下属专业度与上级抑制性谏言采纳没有直接关系，只有在上级地位高的条件下两者之间才呈显著正相关。

2. 建议者的善意程度

张艳梅、杜秀芳和王修欣（2015）指出，提供建议不仅包括工具性信息的提供，还包括情感支持，因而建议者的善意程度会提高决策者采纳建议的程度。他们通过两个实验研究进行验证，研究结果表明，建议者的善意程度显著正向影响决策者的建议采纳。

3. 自信

建议者的自信可以减少决策者对建议的不确定性评估，高的建议者自信可以作为专业性的一种暗示，因此影响决策者对建议的接纳。Sniezek 和 Van Swol（2001）以及 Van Swol（2011）认为，自信是一种非正式的社会影响形式，它会影响决策者对建议者的信任，从而影响他们对建议的采纳。

4. 相似性

研究表明，人们会从与他们价值观相似的建议者那里采纳更多建议（Siegrist et al., 2005；Twyman et al., 2008）。同样地，他们也可能更多地从与他们的人口统计学特征相似（如性别、年龄、受教育程度、地理区域等）的人那里采纳建议（Gino et al., 2009）。

5. 谏言者个人声誉

谏言者的个人声誉能够增强个体的影响力，它是对个体品质、工作能力和绩效表现等各方面的综合评价（Ferris et al., 2003）。个人声誉能够减少不确定性感知，帮助领导者缓解纳谏风险所带来的压力和焦虑，增强领导者对谏言的建设性感知和亲社会动机感知，能够促进领导纳谏（詹小慧等，2019）。

（二）决策者因素

1. 正面自我标签

标签效应表明个体倾向于使自己的行为与标签一致（Guadagno et al.，2007），因此具有正面自我标签的决策者更可能会采纳建议。段锦云、周冉和古晓花（2014）通过 3 个实验研究发现，决策者正面自我标签的使用显著正向影响建议采纳。

2. 情绪

情绪会影响决策者的认知、判断和行为，它会影响决策者对外界建议的理论判断，因而可能会影响决策者对建议的接纳程度（Gino et al.，2008）。研究表明，决策者在积极情绪状态下更容易接纳他人建议（Mansell et al.，2006；段锦云 等，2014；闫婷婷 等，2014），因为积极情绪下的决策者往往对建议者更为信任，而负面情绪会使人更多忽视他人建议。但这一结论并不适用于焦虑这一负面情绪，研究表明，具有焦虑情绪的决策者更可能采纳建议（Gino et al.，2012；张艳梅 等，2015）。

3. 自我效能感

管理者感知自己不能有效展示管理角色要求的能力会让其产生威胁感知，进而影响管理者对员工谏言的反应，也就是说，具有低自我效能感的管理者更可能受到员工谏言背后的消极自我相关影响的威胁（Fast et al.，2014）。而自我效能感高的管理者相信自己有足够的能力应对员工谏言带来的问题和风险，因而更有可能采纳谏言（周浩，2016）。

4. 权力

周浩（2016）基于趋近-抑制理论探讨了管理者权力对谏言采纳的影响，他认为，由于谏言对领导者来说是一种收益与风险并存的情境，高权力的领导者可能更关注谏言产生的收益而不太关注其中的风险，因而更可能采纳谏言，且领导者的自我效能感在其中起中介作用。但是 Tost、Gino和 Larrick（2012）以及刘耀中、江玉琳和窦凯（2016）认为，权力让人有资源配置优势，这使得他们行事更为独立，不太依赖他人，不愿意与低权力者进行信息和利益交换，且高权力也容易使领导者高估自己的能力，因而其对谏言具有明显的折扣效应，也就是说高权力者会减少建议采纳（See et al.，2011）。管理者的权力距离也是影响他们纳谏的重要因素。周浩（2021）通过实验法研究表明，管理者的权力距离感越低，则越可能采纳谏言。同时，权力距离还与其他因素交互作用于管理者采纳谏言。相比于当面谏言，高权力距离的管理者更倾向于采纳微信谏言；相比于公开谏言，高权力距离的管理者更倾向于采纳私下谏言。

5. 自尊

段锦云、古晓花和孙露莹（2016）指出，自尊会对个体的行为选择产生影响，具有高自尊的人更可能坚持自己的想法和观点且更为自信，不太容易受到外界的影响。他们基于内隐视角分别探讨了外显自尊和内隐自尊对建议采纳的影响，研究结果表明，高外显自尊的决策者更少采纳建议，而内隐自尊与建议采纳没有显著性关系。

6. 自恋

自恋者往往拥有较高的自信程度，总是相信自己能够凭借自己的能力做出准确判断，甚至认为自己的判断比他人更准确（Campbell et al.，2004；Krueger et al.，2002）。Kausel、Culbertson、Leiva 等人（2015）的研究表明，当把自恋作为一种状态来测量时，或者当自恋作为一种特质时，在控制了外倾性后，自恋与建议采纳负相关。詹小慧和戴胜利（2019）认为，自恋型领导坚守利己主义原则并拥有知识抑制倾向，因而不太可能会采纳员工谏言。

7. 领导动机归因

员工谏言可能存在不同动机，包括印象管理动机和亲社会动机等。如果领导者将员工谏言归因为逢迎和具有自利性（印象管理动机），那么可能对员工进谏不予关注；而当领导者将员工谏言归因为有利于改善组织运营环境、提高组织效能时（亲社会动机），则更可能认可和支持员工谏言。研究结果表明，亲社会动机归因与领导纳谏显著正相关，而印象管理动机与纳谏没有显著性关系（陈芳丽 等，2016）。

（三）谏言特点

1. 谏言类型

不同的谏言类型会使得管理者对谏言内容及谏言者的评估不同。Burris（2012）指出，挑战性谏言或含蓄或明确地批评管理者或管理者负责监督的一组例行程序，旨在改变、修订或动摇被普遍接受的一系列实践、政策或战略方向，可能会强化员工与管理者之间的任务冲突，引发管理者的威胁感知；而支持性谏言不会与组织现状形成冲突，管理者更可能感知到员工的忠诚，因而更可能采纳支持性谏言。李斌、张凯迪、陈汉聪等人（2023）在中国情境下也验证了这一观点。他们的研究发现，抑制型谏言比促进型谏言更能让领导者感知到面子威胁，进而减少谏言采纳。另外，幽默的类型与水平调节了谏言类型与领导者感知面子威胁之间的关系，相比于消极幽默，积极幽默水平越高，领导者感知面子威胁程度越低，采纳谏言的可能性越大。

2. 谏言策略

谏言表达方式也会影响到管理者对谏言的认可和采纳。韩翼、董越、胡筱菲和谢怡敏（2017）归纳了中国情境下的八种谏言策略，并分析了它们与领导纳谏之间的关系，研究结果表明，直谏与领导纳谏之间正相关，越谏和胁谏则与领导纳谏之间负相关。Lam、Lee 和 Sui（2019）从心理威胁和沟通清晰两个视角来进行理论解释，但实证结果表明，只有沟通清晰视角成立，即直接谏言与管理者认可显著正相关，且谏言者越礼貌、越可信，两者之间的积极关系越强。

3. 谏言表达风格

Morrison（2011）指出，沟通因素会对领导谏言反应产生重要影响，如信息的传播和表达方式等。员工谏言是谏言者与接收者之间的一种沟通类型，因此从这个角度来说，谏言现象可以被理解为大量沟通成分复杂混合而成的结果，而不仅仅具有传递信息内容的功能（Baskin et al.，1980）。因此，Jung（2014）提出，谏言者的谏言表达风格对谏言接收者的反应有着非常重要的影响。具体来说，坚定自信的表达风格（assertive speech style）指个体表达自己的想法时具有直接、自信的特点并充满压力感，这样的表达风格给他人很少的空间来评估或验证他们的想法（Fragale，2006；Leaper et al.，2007），因而可能会减少接收者的建设性感知而增加其威胁感知，进而减少其对谏言的认可；而犹豫不决的表达风格（tentative speech style）是一种不带有压力性的较为温和的风格，它指个体表达自己的想法时具有他人导向、不确定以及犹豫等特点（Reid et al.，2009），这样的表达可能暗示着传递的内容是错误的，它给接收者留下了足够的空间来对表达的内容进行评估，因而可能增加接收者的建设性感知而减少其威胁感知，进而增加其对谏言的认可。

4. 谏言内容

Burris、Rockman 和 Kimmons（2017）指出，管理者对谏言的反应不仅仅是谏言是否被表达的函数，谏言表达的内容以及它对执行的意义决定了管理者对谏言的价值评估。他们通过质性研究提取了谏言内容的三个维度：执行想法的重要性、实施想法所要求的资源以及实施想法所涉及任务的相互依赖性，而员工的认同（职业认同和组织认同）会对其谏言内容产生重要影响。具有高职业认同的员工会较少考虑执行他们想法时需要消耗的资源以及任务之间的相互依赖性，因而可能会减少管理者对谏言的认可和重视。他们通过实验研究发现，执行重要性低、拥有高资源限制以及高水平任务依赖性的谏言会获得较少的管理者认可。

5. 谏言的组织方式

Kim、Burris 和 Martins（2014）研究了谏言的组织方式如何影响管理者对谏言的认可，他们指出，当提出的想法通过框架匹配做到谏言各成分之间的匹配时，管理者更可能支持和认可该谏言。其中提出的想法包括两个成分：想法提案（想法的真正内容）和想法的理由（为什么该想法应该被执行）。这两个成分都可以由积极或消极的风格来组织语言。当这两个想法成分相互匹配时，管理者的认知流畅（cognitive fluency）程度就会提高（Lee et al.，2004），因而会得到高水平的认可。Whiting 等人（2012）的研究也表明谏言的积极属性框架更可能获得管理者较高的绩效评估。

（四）情境因素

1. 任务难度

研究表明，任务难度会对建议采纳程度产生影响，决策者在面对困难复杂的任务时更倾向于听从他人建议，而面对简单任务时更少采纳建议（Schrah et al.，2006；Gino et al.，2007）。

2. 时机

当员工在管理实践、项目或某一进程的早期谏言，那么谏言更可能被管理者采纳。这是因为如果员工在晚期提出一些挑战性想法，那么管理者在评估期望结果以及做出必要变革的时间非常有限，因而会产生消极态度，即使提出的想法本质上是有用的（Whiting et al.，2012）。

3. 组织规范

组织中鼓励谏言的规范使得谏言被认为是建设性行为，旨在提升组织运作能力，这使得管理者相信员工的谏言行为对集体来说是合理、必要且有益的，从而会增加他们向员工征求建议以及采纳员工谏言的行为（Whiting et al.，2012）。

表 2-11　领导纳谏影响因素

分类	作者（年份）	理论基础	自变量	中介变量	因变量	调节变量	主要研究结论
谏言者因素	Whiting 等 (2012)	说服理论	专业性、可信赖性	上级喜欢、亲社会动机、建设性感知	绩效评估	—	◆员工专业性越高，管理者给出的建设感知越高，越会给出高的绩效评估 ◆员工可信赖性越高，管理者越会给到高的绩效评估 ◆管理者越喜欢谏言者，越会中介管理者的亲社会动机和建设性评估 ◆管理者上级喜欢中介了员工可信赖性与绩效评估之间的关系 ◆管理者建设性感知中介了员工可信赖性与绩效效评估之间的关系
	魏昕和张志学 (2014)	说服理论、地位理论	下属专业度	—	采纳谏言	上级地位	◆下属专业度显著正向影响促进谏言采纳 ◆当上级地位较高时，下属专业性谏言采纳响抑制性谏言采纳
	张艳梅、杜秀芳和王修欣 (2015)	—	焦虑、建议者的善意程度	—	建议采纳	—	◆焦虑情绪显著正向影响建议采纳 ◆建议者的善意程度显著正向影响决策者的建议采纳
	Sniezek 和 Van Swol (2001)	评判者—建议者系统（JAS）	建议者的自信	信任	建议采纳	—	◆建议者的高自信正向影响评判者的信任评估，进而影响建议采纳
	詹小慧和苏晓艳 (2019)	声誉理论	个人声誉	谏言建设性感知、亲社会动机感知	领导纳谏	权力距离	◆谏言者声誉显著正向影响领导纳谏，谏言建设性感知、亲社会动机感知在两者的关系间起中介作用

表2-11（续）

分类	作者（年份）	理论基础	自变量	中介变量	因变量	调节变量	主要研究结论
决策者因素	段锦云、周冉和古晓花（2014）	认知失调理论	正面自我标签	积极意义发现	建议采纳	是否公开、有无获益	◆决策者正面自我标签显著正向影响建议采纳 ◆公开而无获益条件下，正面自我标签正向影响积极情绪，进而增加建议采纳；其中积极意义发现中介了积极情绪与建议采纳间的关系
	闫婷婷、杜秀芳和李假（2014）	评判者—建议者系统（JAS）	愉悦情绪状态、愤怒情绪状态	—	建议采纳	场依存型认知方式、场独立型认知方式、性别	◆相比于愤怒状态，愉悦状态下的个体更易采纳建议 ◆场依存型的个体更容易采纳建议 ◆女性更容易采纳建议
	Fast，Burris和Bartel（2014）	角色理论、自我差异理论	管理者自我效能感	自我防御、管理者征求谏言	员工谏言行为	—	◆自我效能感低的管理者不太可能会征求谏言 ◆自我防御在管理者自我效能感和征求谏言关系间起中介作用
	Li（2017）	自我损耗视角	管理者自我损耗	处理谏言的努力	谏言认可	员工专业性	◆管理者谏言的努力负向影响谏言认可，且处理谏言的努力在两者的关系间起中介作用 ◆员工专业性调节了处理谏言的努力与谏言认可之间的关系
	周浩（2016）	权力的趋近-抑制理论、自我效能理论	权力	管理者自我效能	采纳谏言	权力距离	◆管理者权力显著正向影响采纳谏言，且管理者自我效能在两者的关系中起中介作用 ◆管理者权力距离调节了管理者自我效能与采纳谏言之间的关系

表2-11（续）

分类	作者（年份）	理论基础	自变量	中介变量	因变量	调节变量	主要研究结论
	周浩（2021）	特质激活理论	权力距离	—	采纳谏言	谏言方式（当面/微信）；谏言场合（公开/私下）	◆ 管理者的权力距离显著影响采纳谏言，高权力距离的管理者更少采纳谏言 ◆ 权力距离和谏言方式与谏言场合存在交互效应 ◆ 相比于采纳微信谏言，高权力距离的管理者更倾向于采纳当面谏言 ◆ 相比于公开谏言，高权力距离的管理者更倾向于采纳私下谏言
	Tost, Gino 和 Larrick（2012）	权力依赖理论	权力	竞争力、自信	建议采纳	建议者专业性	◆ 权力显著负向影响建议采纳 ◆ 权力使得建议者的专业性大打折扣，且通过竞争性和自信的中介作用影响建议采纳
	段锦云、古晓花和孙露莹（2016）	评判者—建议者系统（JAS）	外显自尊、内隐自尊、自尊分离	自我概念清晰性	建议采纳	—	◆ 外显自尊负向影响建议采纳，内隐自尊与建议采纳之间的关系不显著 ◆ 自我概念清晰性在自尊分离与建议采纳同起部分中介作用
	Kausel, Culbertson, Leiva 等人（2015）	—	自恋	自信、建议有用性感知	建议采纳	—	◆ 当把自恋作为一种状态来测量时，或者当自恋作为一种特质时，在控制了外倾性后，自恋与建议采纳负相关
	詹小慧和戴胜利（2019）	领导特质理论、LMX理论	自恋型领导	谏言建设性感知	谏言采纳	LMX	◆ 自恋型领导对谏言采纳具有显著负向影响，且领导建设性感知在两者间起中介作用 ◆ LMX越高，自恋型领导对谏言采纳的负向影响越弱
	陈芳丽、未蕾蕾和郑文智（2016）	领导动机归因理论	谏言行为	领导采纳社会动机归因、领导印象管理动机归因	领导纳谏	主管—下属关系	◆ 谏言行为显著正向影响领导纳谏，且领导采纳社会动机归因在两者间起中介作用 ◆ 主管—下属关系越好，员工谏言与领导纳谏之间的关系越强

表2-11（续）

分类	作者（年份）	理论基础	自变量	中介变量	因变量	调节变量	主要研究结论
谏言特点	Burris（2012）	—	支持性谏言、挑战性谏言	忠诚、威胁	谏言认可	—	◆相比于参与支持性谏言的员工，参与挑战性谏言的员工获得更少的谏言认可 ◆管理者感知到的关系诚在谏言行为与谏言认可的关系间起中介作用，管理者感知到的威胁在谏言行为与谏言认可的关系间起中介作用
	李斌、张凯迪、陈汉聪等（2023）	说服和面子理论	促进型谏言、抑制型谏言	领导者感知面子威胁	谏言采纳	幽默（积极幽默/消极幽默）	◆相比于抑制型谏言，领导者更可能采纳促进型谏言 ◆积极幽默调节了谏言类型与领导者感知面子威胁之间的关系，相比于消极幽默，积极幽默使得促进型谏言带来的领导者威胁感知更低 ◆积极幽默与谏言类型低于领导者感知面子威胁之间的关系，相比于谏言类型低于积极幽默，相比于谏言类型带来两种两种的领导者感知面子威胁都更低
	韩翼、董越、胡筱菲和谢怡敏（2017）	—	直谏、谲谏、胁谏	—	领导纳谏	—	◆直谏与领导纳谏之间正相关，与领导纳谏之间正相关 ◆谲谏和胁谏则与领导纳谏之间负相关
	Jung（2014）	评估理论	谏言表达风格	谏言建构性感知、个人威胁感知	谏言认可	谏言者地位、接收者核心自我评价、谏言类型	◆相比于坚定自信的表达风格，犹豫不决的表达对接收者更能够引发接收者的认可，这是因为犹豫不决的表达和更少的威胁性 ◆当谏言由抑制性内容组成时，接收者由抑制型谏言认知到到更多的建设性和对之间的威胁感 ◆来自同事自信的坚定自信的表达比来自下属的坚定自信的表达更能激发接收者的威胁感知

表2-11（续）

分类	作者（年份）	理论基础	自变量	中介变量	因变量	调节变量	主要研究结论
	Lam, Lee 和 Sui（2019）	心理威胁视角、沟通清晰视角	直谏	—	谏言认可	谏言者的礼貌、谏言者的可靠性	◆ 直谏与管理者谏言认可显著正相关，且谏言者越礼貌、越可信，两者之间的积极关系越强
	Burris, Rockman 和 Kimmons（2017）	社会认同理论	谏言内容	—	谏言认可	—	◆ 执行重要性低、拥有高资源限制以及高水平任务依赖性（谏言内容的三个维度）的管理者会获得较少的管理者认可
	Chen（2019）	上级的动机归因视角	谏言频率	上级对谏言的亲社会动机归因、上级对谏言的自我服务动机归因	谏言认可、谏言执行	员工政治技能	◆ 员工谏言频率显著正向影响上级对谏言的亲社会服务动机归因 ◆ 员工政治动机归因与自我服务动机归因之间的关系越高，谏言频率与上级的亲社会动机归因之间的正向关系越强 ◆ 上级的谏言认可显著正向影响谏言执行
情境因素	Gino 和 Moore（2007）	—	任务难度	—	建议采纳	—	◆ 决策者在面对困难复杂任务时更倾向于听从他人建议，而面对简单任务时更少采纳建议
	Whiting 等人（2012）	说服理论	时机	感知到的建设性	绩效评估	—	◆ 员工在项目早期谏言更能获得管理者的建设性认知 ◆ 管理者感知到的建设性在中介了时机与绩效评估之间的关系

资料来源：本书笔者整理。

五、领导纳谏的影响结果

领导纳谏是领导者对员工谏言的认可和采纳，是对员工谏言的一种积极反应。由于员工谏言旨在提高组织效率和效能，领导者采纳员工谏言后也会带来一定的积极结果。除了认为领导纳谏有利于提高决策的准确性，现有文献对领导纳谏结果的探讨主要集中在其对员工的积极影响（见表2-12）。

1. 决策的准确性

由于能力和知识的有限性，领导者能够获得的信息有限，而员工谏言或建议能够给领导者决策提供更多信息和知识，使得领导者能够从多方面、多角度考虑问题。领导纳谏能够整合各方面信息，提高领导者的判断力，从而减少随机错误，提高决策的准确性（Yaniv, 2004; Gino et al., 2008）。另外，领导纳谏也可以在一定程度上帮助领导者减少自我中心偏见，从而能够更为客观地做出决策，使得决策更为准确（Yaniv et al., 2012）。

2. 工作场所影响力感知

领导纳谏可以被认为是员工在工作场所中参与决策制定的一种形式，它可能是员工相对比较间接的一种参与决策制定的形式，但依然十分重要。领导者愿意听取员工关于组织问题的观点使得员工认为自己的付出被组织认可，对组织来说是有价值的、重要的，因此领导纳谏能够增强员工的工作场所影响力感知（Tangirala et al., 2012）。

3. 员工地位感知

领导纳谏显示了领导者对谏言者的尊重对待和支持，彰显了领导者对他们的认可和赞赏，同时也让谏言者感知到自己是有价值的，进而产生较高的地位感知（Janssen et al., 2015）。

4. 员工谏言

研究证据表明，领导纳谏会促进员工的后续谏言。领导纳谏能够向员工释放领导者鼓励和欢迎员工谏言等信息，当领导者采纳员工谏言时，他们在工作场所中营造了一种鼓励员工谏言的氛围，使得员工的心理安全感增加，因而更愿意谏言（Fast et al., 2014）。另外，领导纳谏也能够增强员工的影响力感知和地位感知，进而表现出更多的谏言行为（Tangirala et al., 2012; Janssen et al., 2015）。章凯、时金京和罗文豪（2020）认为，领导纳谏能够增加员工的工作意义感和谏言效能感，进而增加后续的员工促进性谏言和抑制性谏言。

表 2-12 领导纳谏的影响结果

分类	作者（年份）	理论基础	自变量	中介变量	因变量	调节变量	主要研究结论
决策的准确性	Yaniv 和 Choshen-Hillel（2012）	自我中心效应	建议使用	—	决策准确性	—	◆ 使用他人建议、中止自己的判断能够提高决策准确性
工作场所影响力感知	Tangirala 和 Ramanujam（2012）	—	管理者咨询行为	员工工作场所影响力感知	谏言行为	管理者地位、员工的自我效能感、员工的工作满意度	◆ 管理者咨询显著正向影响员工谏言行为，员工工作场所影响力感知在两者间起中介作用 ◆ 管理者地位越高，管理者咨询与员工工作场所影响力感知之间的关系越强 ◆ 员工工作自我效能越高，管理者咨询与员工工作场所影响力感知之间的关系越强 ◆ 员工的整体工作满意度越高，员工工作场所影响力感知与员工谏言行为之间的关系越强
员工地位感知	Janssen 和 Gao（2015）	自我效能感理论	上级反应	员工地位感知	谏言行为	谏言效能感	◆ 员工地位感知在上级反应与谏言行为间起中介作用，且谏言效能感越高，员工地位感知的中介作用越强
员工谏言	章凯、时金京和罗文豪（2020）	目标自组织视角	谏言采纳	工作意义感、谏言效能感	促进性谏言、抑制性谏言	—	◆ 领导谏言采纳显著正向影响促进性谏言和抑制性谏言，且工作意义和谏言效能感在它们的关系间起完全中介作用

资料来源：本书笔者整理。

第三节 研究述评

通过文献梳理发现，现有文献对领导纳谏的研究有限，尚存在以下问题：

第一，现有文献对领导纳谏的概念认识不足。员工谏言兼具建设性和挑战性，鉴于员工谏言给组织带来的诸多好处，绝大部分现有文献更多以员工为中心，聚焦于探讨促进或阻碍员工谏言的因素，如谏言者的个性特征、心理认知、领导风格、情境因素等，这些研究似乎暗含着领导者一定会采纳谏言的假设。随着研究的不断深入，学者们开始意识到谏言不一定总是会带来积极结果，谏言并不一定总是会被采纳，因此少量学者开始关注领导者对谏言的反应。现有文献存在两种主要的领导者对谏言的反应类型：①当员工想要发起改变或变革而不是逃避令人反感的事态时，管理者们就会收到谏言（Hirschman，1970），因此他们对员工提出的想法的认可程度就表现为管理者为这些想法分配额外的注意和资源（Burris，2012），这是组织例行程序或过程发生实质性变化的重要前兆（Ashford et al.，1993）；②管理者对这些提出想法的员工进行评估，这些评估主要指向对员工整体绩效的评估以及对他们潜在积极贡献的评估等（Van Dyne et al.，1998）。第二种领导反应是目前学者们探讨得最多的一种，通过前文的文献综述我们也可以得知，现有文献探讨最多的谏言结果就是领导者对谏言者的绩效评估，且研究结论不一。而对于第一种领导反应，Burris（2012）提出了谏言认可的概念，并提出谏言认可是领导者对员工谏言分配的额外注意和资源，从测量题项来说，该概念主要侧重于领导者是否认为员工的建议有价值，以及是否愿意将其建议提交给自己的上级等。后续一些研究均沿用了 Burris 的这一构念，如易洋和朱蕾（2015）以及 Lam、Lee 和 Sui（2019）等。领导纳谏也是领导者对谏言的一种积极反应，但领导纳谏是一个更为复杂的概念，谏言认可可能只是反映出领导纳谏的部分内涵，这从上级反应的相关文献中可窥见一斑。因此根据文献梳理，本书认为现有文献对领导纳谏行为这一普遍的、历史性的概念缺乏足够的关注，并且目前学术界对领导纳谏缺乏统一认知，没有特别清晰的定义，也没有统一的测量工具。

第二，员工谏言与领导纳谏之间的关系没有得到足够重视。员工的谏言只有得到管理者认可、执行并加以推广，才能真正地对企业产生积极效果。以往大多数研究都是基于谏言具有积极性这一前提而进行的，其中也或多或少暗含着领导者一定会采纳员工谏言的假设，但领导者并不一定总是会采纳谏言，他们有时甚至表现出对谏言的厌恶（Fast et al.，2014），大部分现有文献忽略了管理者在谏言积极性发挥过程中的重要作用。上述文献综述表明，首先员工谏言与领导纳谏之间的关系没有得到足够的关注和重视，仅有少量研究对两者之间的关系进行了探讨。但事实上，谏言与纳谏之间的关系较为复杂，其中的中介机制和边界条件都值得我们深入挖掘，理论界亟须更多的理论和实证研究来论证两者之间的关系及其中的中介和调节机制，实践界也需要更多的理论结论来指导管理实践。其次，在现有的少量文献中，员工谏言与领导纳谏之间关系的研究结论存在不一致的情况。有的研究认为员工谏言会正向影响领导纳谏（易洋 等，2015；陈芳丽 等，2016）；有的研究认为领导纳谏取决于谏言类型，不同的谏言类型受到的领导关注、支持和认可程度不同（Burris，2012）；有的研究认为领导者是否采纳员工谏言还取决于其他因素，如下属专业度（魏昕 等，2014）、管理者自我效能感（Fast et al.，2014）以及其他说服因素等（Whiting et al.，2012；张龙 等，2016）；还有的研究认为尽管谏言者的出发点是为了改善组织运营环境，但他们不一定会得到领导者的积极反应，甚至可能遭到抵制和惩罚（Chiaburu et al.，2013）。另外，对于员工谏言与纳谏之间的中介机制，文献综述结果表明，绝大多数学者考察的是谏言建构性感知或威胁感知，中介研究视角单一，不利于我们对谏言与纳谏关系的理解。所有文献表明，员工谏言与领导纳谏之间的关系并没有那么简单，它们之间的作用机制值得我们更多地关注，需要我们更进一步地充分探讨员工谏言对领导纳谏的影响机制。

第三，以往研究缺乏理论基础或研究理论和视角单一。自 Burris（2012）提出谏言认可的概念以来，国内外一些学者开始追随他的脚步对影响谏言认可的因素进行探索。首先，员工谏言是下属对上级的一种上行沟通行为，当谏言被有效传达时，谏言行为会获得积极反馈（Van Dyne et al.，1995），它也可以被当成一种社会说服（魏昕 等，2014），而领导纳谏则是领导者被谏言员工说服的过程，因此说服理论领域的相关论述和研究为理解员工谏言效果提供了清晰直观的理论基础。鉴于此，目前国内外探讨领导纳谏的相关文献大多基于说服理论视角（Whiting et al.，2012；魏昕 等，2014；易洋 等，2015；张龙 等，2016；Huang et al.，2018）。其次，员工谏言的过程也是员工向上提出建议的过程，而领导纳谏的过程实际上也是领导者做出决策的过程，因此建议采纳研究领域的相关理论可以为领导纳谏研究提供一定的研究视角和理论基础，如评判者—建议者系统等。另外，考虑到谏言具有的挑战特性，部分学者基于威胁视角来探讨谏言与纳谏之间的关系，他们认为员工谏言可能会威胁到领导者的面子、自尊或角色，因而导致他们不愿意纳谏（Burris，2012；Fast et al.，2014；Lam et al.，2019）。综上所述，以往关于领导纳谏影响因素的研究大多基于说服理论或评判者—建议者系统的经典研究范式，理论视角单一，不利于我们对员工谏言与领导纳谏之间关系的深入了解，由于谏言与纳谏之间的关系复杂，亟须更多理论来阐释两者之间的关系，所以在后续研究中我们需要根据其他理论来构建研究框架和研究模型，注重理论的阐释和整合。

第四，以往研究更多从积极视角来研究员工谏言，认为员工谏言具有建设性，能够提高组织效率和效能，然而员工谏言还具有挑战性，它可能会给管理者带来一定的压力。自谏言的概念被提出以来，其积极的一面就受到学术界和实践界的广泛关注。从员工中心视角来看，谏言可能是对不满意的一种主动反应，它能够帮助谏言者改善不满意的工作条件和环境（Hirschman，1970；Rusbult et al.，1988）；从组织角度来看，谏言是员工自愿做出的一种组织公民行为，它有利于组织识别发展机会或发现运营中的问题，帮助组织改善运营环境、提高组织效能。因此，学者们对谏言的探讨大多聚焦于如何在组织中促进这种积极行为的产生，或什么因素会抑制这种积极行为，以期对组织管理实践提供更多的启示，促进组织成员的谏言行为。随着后续研究的不断深入，有学者意识到员工谏言并不一定总是能够带来积极结果，具体来说，尽管谏言能够带来上述积极结果，但它也可能给员工和组织带来一些负面后果，如工作增长率和晋升可能性降低（Seibert et al.，2001）、损害人际关系（Frese et al.，2001）等。因此除了谏言的建设性，有学者开始关注其挑战性所带来的不良后果，但是这些关注和研究还远远不够，领导者作为谏言行为中的另一个中心对象并没有获得足够的关注。除了谏言所能够给领导者带来的好处之外，它对领导者是否还存在其他影响呢？挑战性是员工谏言所固有的特性之一，员工谏言挑战了组织现状，而管理者对组织现状及发展负责，因而尽管员工谏言是为了改善组织，但同时也暗含着对负有责任的管理者的质疑。无论如何，员工谏言一旦发生，作为谏言接收者的管理者都需要消耗自身资源来加以应对，且员工提出的想法之间本身就存在着对领导者的注意力和资源的竞争，而领导者的注意力和资源是有限的（Sharek et al., 2010），这可能会给管理者造成一定压力。从不同的视角来研究员工谏言，能够丰富谏言的相关理论和研究结论，拓展新的研究视角。

第三章　领导纳谏量表开发

　　本章将采用定性和定量相结合的方法，严格遵守量表开发程序，开发与领导纳谏概念一致的测量工具。第一，采用开放式问卷法和访谈法获取领导纳谏的行为事例，并对所获得的行为事例整理编号，然后运用质性编码的方法对行为事例进行开放式编码，以获得行为事例的初始类别。第二，通过对初始类别进行概念层次的合并来获取领导纳谏的概念维度，然后对所得行为事例进行反向归类，并对每个维度下的行为事例条目进行合并整理优化，提取每个维度的主要特征。第三，结合领导纳谏概念内涵、现有文献的相关研究以及提取的主要特征，形成初始题项。第四，对初步问卷进行定量检验，通过对企业员工进行问卷调查获得初始量表测试数据，接着进行探索性因子分析，提取公共因子，探索领导纳谏行为的结构，并根据分析结果对条目进一步修正。第五，进行验证性因子分析，验证领导纳谏行为的因子结构效度，确定领导纳谏的最终测量题项。另外，为了检验领导纳谏的区分效度，本书将对其进行区分效度检验。本书拟将领导纳谏的测量题项与其他相似变量，如管理者谏言征求、谏言认可、管理开放性、上级反应等构念的测量题项放入问卷中进行调查，通过相关性分析和验证性因子分析来检验领导纳谏与上述相似变量是否存在区分性。此外，本书将选用领导—成员交换、工作满意度、情感承诺、员工谏言频率等来对领导纳谏进行效标效度检验，使得领导纳谏的最终测量量表具有良好的信效度。

第一节　定性研究

　　定性研究方法主要适用于某构念目前并不存在直接的测量量表的情

况，或对想要探索的现象没有深入了解的情况（Kipnis et al., 1980）。鉴于现有文献没有关于领导纳谏的清晰统一定义及有效的测量量表，本书采用定性研究方法来开发领导纳谏的测量量表。本书首先采用访谈法和开放式问卷法获取领导纳谏的关键行为事例，对所获得的关键行为事例整理编号，接着对其进行开放式编码，得到初始类别；其次进行概念层次的合并，归纳出概念维度，并对所有的关键行为事例进行反向归类，计算内容分析的一致性；最后提取各个维度的主要特征，形成初始题项。

本书通过开放式问卷法以及访谈法进行领导纳谏关键行为事例的收集，然后对收集的资料进行整理分析。第一阶段，通过要求被试者填写开放式问卷以及对被试者进行深度访谈来获取原始资料；第二阶段，对收集到的原始资料进行编码，通过初始编码和概念编码，形成概念维度，对所有获得的条目进行独立的两轮归类，形成对纳谏关键行为事例的维度归纳；第三阶段，对每个维度下的所有条目进行合并归纳整理并提取主要特征，最终形成初始量表的题项。

一、原始资料收集

领导纳谏行为事例的质性数据收集来源主要有以下三种：①企业员工。通过联系企业相关负责人员并向他们说明调研目的和相关事宜，向企业员工发放开放式问卷，问卷的题目为"您认为在日常工作中，领导纳谏包括哪些具体的行为或形式"（开放式问卷题目详见附录1），要求他们列举2~5条相关行为事例。②同学或朋友。通过向身边已经工作的同学或朋友等发放开放式问卷来收集行为事例。③访谈。通过对来自武汉市2家公司共16名被访谈者进行深度访谈（访谈提纲详见附录2），每位被访谈者的访谈时间大约为15分钟，从访谈资料中提取出领导纳谏的相关行为事例进行后续分析。16名被访谈者包括9名管理者和7名员工，其中有10名男性和6名女性，平均年龄为32.25岁（标准差为6.19），平均工作年限为7年（标准差为5.24），10名为本科学历，6名为硕士及以上学历。

本次研究一共发放了180份开放式问卷，其中有效问卷169份（剔除填写内容完全与领导纳谏不相关的问卷样本），有效回收率为93.89%。在所有有效问卷的被试者中，男性占58.58%，女性占41.42%；管理者占23.67%，员工占76.33%；所有被试者的平均年龄为30.40岁（标准差为5.20），平均工作年限为5.50年（标准差为5.08）；高中及以下学历占

1.18%，大专学历占 8.88%，本科学历占 46.75%，硕士及以上学历占43.20%。在有效的开放式问卷中，被试者们最少列举了 1 条行为事例，最多列举了 5 条行为事例，我们按顺序分别标记为 A、B、C、D、E，本次开放式问卷共收集行为事例 414 条。对于访谈信息，被访谈者提供的与领导纳谏有关的行为事例最少的有 1 条，最多的有 11 条，我们按顺序分别标记为 A、B、C、D、E、F、G、H、I、J、K。本次访谈共摘取与领导纳谏相关的行为事例 82 条。

二、资料整理与分析

我们将开放式问卷被试者们列举的行为事例全部输入 Excel 表格当中，并对所有语句进行编号，例如第一位被试者的第一条行为事例我们编为1A1（其中，第一个"1"表示开放式问卷中的第一个题目，第二个"1"表示第一位被试者，"A"表示第一条行为事例），第一位被试者列举的第二条行为事例我们编为 1B1，以此类推，第 n 位被试者列举的第一条行为事例则为 1An。具体的行为事例有"公开鼓励员工谏言，表扬员工的谏言行为（1A20）""愿意、敢于、善于听取下属或旁者提出的不同意见和建议，甚至是反对意见（1A156）""善于倾听、听取各方意见，包括正反两方面的意见（1A63）""对意见和建议进行思考与分析（1B105）""采纳建议者的意见，并实施工作改进（1A94）"等。对于访谈信息，我们首先将访谈录音转化成文字，并根据录音对文字进行校对，校对后逐句进行筛选，将与领导纳谏相关的语句摘取出来，并按照开放式问卷数据格式输入 Excel 表格中，对语句进行编号。我们顺着开放式问卷被试者的编号对被访谈者进行编号，即第一位被访谈者是 170 号，以此类推，第十六位被访谈者则为 185 号；从第一位被访谈者提供的信息中摘取的第一条行为事例我们编为 A170，第二条行为事例我们编为 B170，以此类推，第 K 条行为事例我们编为 K170；从第二位被访谈者提供的信息中摘取的第一条行为事例我们编为 A171，以此类推，第十六位被访谈者提供的信息中摘取的第一条行为事例我们编为 A185，第 K 条行为事例编为 K185。具体从被访谈者中摘取的领导纳谏行为事例有"哪怕他这个提议看起来很好，但是我觉得并没有操作性所以不会采纳，就是说他需要有自己的方案（A170）""因为我思想是比较开放的，就是说我们平时不光会采纳他的建议，我们还会主动征求他，这个地方他有什么建议（A173）""会主动地去倾听员工的这种建议，包括比如说开会去听取他们的这些意见（D177）""就是因为可能都是在一个不断地学习，接纳新的东西的过程（F178）"等。本次领导纳谏行为事例原始资料收集共获得行为事例496条。

后续分析一共进行了3轮归类。第一轮主要是对496条行为事例（以下称为"条目"）进行初始编码和归类，编码人员包括4名博士研究生和5名硕士研究生共9人，此外还有1位博士研究生导师对编码工作进行指导。通过第一轮归类（开放式编码）我们可以获得初始类别，并通过讨论获得领导纳谏的概念维度。第二轮归类则主要是对所得的496个关键行为事例进行维度上的反向归类，以获得每个维度所包含的具体条目，并对这些条目进行合并整理，以获得条目优化结果。我们将所有的编码人员（共9人）分为3个小组，每组3人且其中至少包含1名博士研究生，第一轮归类和第二轮归类均由3组编码人员独立完成，互不讨论。因此，我们在第一轮归类的过程中可以尽可能多地获得初始类别，以使得领导纳谏的内涵得到充分展现。第二轮归类则可能获得3种结果：某一条目被3组同时归为同一维度；某一条目被其中两组同时归为同一维度；某一条目被3组均归为不同的维度。对于此次归类中两组相同以及全部不相同的结果，我们将进行再次独立归类，并对最后归类全部不相同的条目进行分析讨论，以获得最终的归类结果。第三轮则主要是所有编码人员对每个维度下的所有条目进行合并整理，提取每个维度的主要特征，并通过充分讨论获得领导纳谏量表的初始题项。在以上操作的过程中，对于不确定或存在异议的地方，我们将向导师咨询，力求对概念理解一致或减少差错。

（一）第一轮归类

第一轮归类是对496个条目进行初始编码，这一步由9名编码人员分3组独立进行，他们对被试者们列举的行为事例按照领导纳谏的相关含义进行开放式编码，提取所列条目中的关键信息，其中明显不包含领导纳谏含义的语句将被归纳为"其他"。第一轮独立编码结束后，我们一共获得了23个类别，具体为采纳意见/建议、鼓励提意见、广开言路、集思广益、沟通交流、接纳或接受意见/建议、了解情况、收集意见、讨论、调研分析、听取意见/建议/想法、寻求/征求意见、执行建议、咨询建议、分析和评判、做出评判、考虑诉求、意见箱调研、包容意见/建议、寻求帮助、不随意批评意见、接纳新事物以及其他（相关示例见表3-1）。接着我们对这 23 个类别进行讨论，并进行概念层次的合并，以形成概念维度。这一过程由 1 名博士研究生导师和 2 名高年级博士研究生进行，他们结合前文界定的领导纳谏概念内涵和以往相关领导谏言反应（如管理者征求谏言、谏言认可、谏言执行等）的研究以及被试者列举的行为事例、归纳的 23 个类别等，讨论后得出"求、听、评、纳"4 个认知评估动态过程，而对于与领导纳谏明显不相关的语句则归为"其他"。

其中，"求"是指管理者征求意见和建议。领导者愿意通过员工上行沟通的方式了解实际工作情况，征求或收集意见和建议是领导纳谏的第一步，这主要反映出领导者对员工谏言是否持欢迎或鼓励态度，这有助于员工做出进谏决定。不同人对求谏的方式也有不同看法，有的认为求谏表现为"主动征求意见（1A127）"；有的认为表现为"领导能给下属进谏的机会、环境（1A61）"；还有的表现为通过各种公开或非公开方式收集意见，如"广开渠道，常利用网络邮箱、意见箱等方式，形成民主氛围（1C141）""定期通过问卷调查收集意见（1B36）"；等等。

"听"是指善于倾听、听取意见和建议。"听"和"求"一脉相承，"听"主要反映出领导者乐于且善于倾听，且能够不排斥员工提供的负面信息甚至是对自己的批评意见。听取意见或建议也存在多种形式，有的表现为领导者"乐于听取不同人不同的声音（1A81）"；有的表现为领导者直接听取不同对象的意见或建议，如"听取下属、同级、领导和其他方面对领导者工作的意见和建议，以便于领导者决策和改进工作（1A162）"；有的认为听取批评意见或负面信息更为重要，如"愿意、敢于、善于听取下属或旁者提出的不同意见和建议，甚至是反对意见（1A156）"；等等。

"评"是指对意见和建议进行分析并做出判断。"评"主要反映出领导者对员工谏言的思考和分析，考量员工意见或建议的可操作性，可能包括意见或建议对组织的重要程度、执行意见或建议所涉及的资源消耗情况以及任务的相互依赖性等，最后做出是否采纳执行的判断。对收集到的信息进行分析和评判非常重要，这可以帮助领导者最后做出合理化决定，减少纳谏风险和成本。有的被试者表明，即使员工提供的建议看起来很好，但可操作性可能不强，如"哪怕他这个提议看起来很好，但是我觉得并没有操作性所以不会采纳，就是说他需要有自己的方案（A170）"；有的则认为需要经过集体或领导班子讨论后才能决定是否予以采纳，如"那我肯定首先要问他师傅觉得这个东西合不合理、可不可以，然后再问一下他们项目组组长，最后大家大概几个人碰一下，我们觉得五个人或四个人都认为他的意见还是值得采纳的时候，肯定会采纳（F172）"；等等。

"纳"是指采纳并执行意见和建议。"纳"是领导纳谏的实施阶段，领导者深入调研、思考和分析后，认为员工所提意见或建议能够给组织或组织成员带来好处且具有执行的可操作性，就会采纳并落到实处。"纳"是领导者对员工意见或建议的最后实施阶段，它不仅通过接受、执行意见或建议来表现，还包括领导者乐于或善于接纳新的事物，如"领导者接受员工主动提出的建议并采纳（1A41）""领导接纳建议，并基本上都实施了（A182）""能不断学习接纳新鲜事物（1C108）"等。

表3-1 开放式编码初始类别及其示例

开放式编码获得的初始类别	示例
采纳意见/建议	• 领导者接受员工主动提出的建议并采纳（1A41） • 领导者采纳下属的建议和意见（1A64） • 采纳意见及建议（1A110） • 采纳下属、同事、领导、供应商、客户、社会各界等对公司发展所提出的建设性意见（1A163）
鼓励提意见	• 公开鼓励员工谏言，表扬员工的谏言行为（1A20） • 领导能给下属进谏的机会、环境（1A61） • 让他人充分表达观点（1B92） • 鼓励下属发表自己的意见（1B145）
广开言路	• 广开言论，听取并吸收各方面声音（1A46） • 不论员工处于何种岗位，领导者都能听取其意见和想法（1A84） • 广开言路，汲取有益的意见和建议（1A96） • 体现领导的领导风格，广纳众长、集体智慧（1B135）
集思广益	• 做某个项目的时候，组织头脑风暴会（1A9） • 在集体讨论中公开发表意见和建议（1A35） • 集思广益（1A83；1A89；1A103） • 召开专题会议听取意见（1A132）
沟通交流	• 与下属交流沟通，认真听取意见（1A24） • 私下沟通（1B25） • 你能跟他正常地交流，可能是最好的，如果这个关系或者说这个企业比较融洽，那么我认为面对面的交流是最坦诚的（A177） • 能够与下属定期或不定期地谈话（1B106）

表3-1(续)

开放式编码获得的初始类别	示例
接纳或接受意见/建议	• 接受员工提出的合理化建议（1A65） • 接受下属的建议（1A98） • 接受下属提出的批评性改进意见（1B98） • 接受下属、基层提出的针对领导班子本身的意见和建议（1B121）
了解情况	• 了解情况，全面正视企业现状（1A88） • 了解本单位存在的真实问题（1A101） • 了解各方面人员对公司现状的理解和看法（1A154）
收集意见	• 接收下属信息，收集意见或建议（1A160） • 去生产领域听取员工的交谈（1B4） • 听讲座吸取意见（1C6）
讨论	• 团队讨论，充分沟通（1A57） • 集体班子讨论问题，统一思想（1B141）
调研分析	• 主动调研、发现问题、提出改善建议（1A76）
听取意见/建议/想法	• 听取下属提出对工作的建议（1A137） • 对某项工作，听取下属的意见和建议（1A143） • 虚心听取下级意见（1A150）
寻求/征求意见	• 主动征求意见（1A127） • 领导者主动通过各种形式征询下属对工作的意见（1A167） • 与下级谈话，征询意见和建议（1B75）
执行建议	• 付诸实践并给员工及时的反馈（1B93）
咨询建议	• 向下咨询（1A28） • 针对领导不清楚或不清晰的问题，向了解的人咨询或调研（1B53）
分析和评判	• 分析员工的思想，用人专长（1A125） • 对意见和建议进行思考与分析（1B105） • 与建议人共同分析提出的问题（1B157）
做出评判	• 思考问题，并根据实际情况做出改变（1B30） • 对别人突出的不同意见进行分析，正确的就采纳（1B78） • 深入思考，理性判断（1B81）
考虑诉求	• 问题处理中考虑当事方诉求
意见箱调研	• 设置意见箱（1B43）

表3-1(续)

开放式编码获得的初始类别	示例
包容意见/建议	• 能包容对自身的建议及议论（1D108）
寻求帮助	• 主动寻求帮助（1A5）
不随意批评意见	• 不以自己是领导批评别人提的意见水平低（1D151）
接纳新事物	• 能不断学习接纳新鲜事物（1C108） • 就是因为可能都是在一个不断地学习，接纳新的东西的过程（F178）
其他	• 解决存在问题的方法（1A82） • 好的改进流程（1B82）

（二）第二轮归类

第二轮归类依然由3组编码人员（共9人）独立进行，他们对496个条目按照"求、听、评、纳、其他"五个类别再次进行细归类。在这个过程中，3组编码人员被分隔开来，各自独立分类，互不讨论。3组编码人员全部分类完毕后，将分类结果进行汇总，得到各组对每个类别的分类结果，如表3-2所示。

表3-2　各组对每个类别的分类结果统计

类别	频数/个		
	第一组	第二组	第三组
求	148	139	149
听	136	141	122
评	31	48	40
纳	80	99	92
其他	101	69	93
条目总计	496		

本次独立归类的一致性较高，496个条目的归类结果中，3组归类结果全部相同的有359个，占72.38%；两组相同的有118个，占23.79%；全部不相同的有19个，占3.83%（见表3-3）。

表 3-3　第二轮第一次独立分类结果

分类结果	频数/个	占比/%
全部不相同	19	3.83
两组相同	118	23.79
全部相同	359	72.38
总计	496	100

我们对本次分类结果中两组相同和全部不相同的条目（共 137 个条目）进行再次独立分类，在第二次的独立分类结果中，全部相同的有 402 个，两组相同的有 78 个，全部不相同的有 16 个，第二轮第二次独立分类结果如表 3-4 所示。

表 3-4　第二轮第二次独立分类结果

分类结果	频数/个	占比/%
全部不相同	16	3.23
两组相同	78	15.73
全部相同	402	81.05
总计	496	100

对于最后的分类结果，3 组编码人员分类结果全部相同的则将该条目归类为该类别；对于两组相同的则根据少数服从多数原则，将该条目归类为两组编码人员分类的类别；对于全部不相同的条目，所有编码人员对其进行充分讨论以确定最终分类。经过讨论，3 组编码人员分类结果全部不相同的 16 个条目中有 2 个条目被归类为"评"，3 个条目被归类为"求"，2 个条目被归类为"听"，9 个条目被归类为"其他"。讨论后的归类频数结果如表 3-5 所示，其中被归类为"求"的条目为 152 个，被归类为"听"的条目为 125 个，被归类为"评"的条目为 34 个，被归类为"纳"的条目为 81 个，被归类为"其他"的条目为 104 个。

表 3-5　讨论后的分类频数结果

分类	频数/个
求	152
听	125
评	34
纳	81
其他	104
条目总计	496

　　在对 496 个条目进行反向细分类后，我们对属于各个类别下面的条目进行了优化，即对内容重复的条目进行合并，并将内容相似的条目放在一起提取它们的主要特征（见表 3-6），以便后续初始量表题项的编写。对于"求"，我们在整理相关条目的过程中提取的主要特征包括"主动向员工征求和收集意见/建议""通过公开会议形式进行讨论""私下沟通交流""深入基层，了解情况""通过访谈、邮件、问卷、意见箱、信箱、实地调研、专人负责等方式收集意见和建议""营造谏言氛围，鼓励提出建议"；对于"听"，我们提取的主要特征包括"乐于并善于倾听""听来自各个方面的意见""听比较负面的信息""开会听取意见"；对于"评"，我们提取的主要特征包括"总结""讨论""分析""思考"；对于"纳"，我们提取的主要特征包括"接受和采纳意见/建议""分析思考后接受正确意见和建议""接受反面或批评性意见""执行"。

表 3-6　领导纳谏条目优化与各类别主要特征提取

分类	主要特征提取	条目优化示例
求	主动向员工征求和收集意见/建议	● 主动征求意见 1A127、1B41、1B70、1B134、1C126、1C128 ● 针对领导不清楚或清晰的问题，向了解的人咨询或调研 1B53
	通过公开会议形式进行讨论	● 通过召开座谈会（茶话会、例会）收集员工的意见和建议 1A36、1A25、1A19 ● 在正式会议中，领导要求下属提出建议，或者下属主动提出建议，领导采纳 1A1

表3-6(续)

分类	主要特征提取	条目优化示例
	私下沟通交流	• 私下询问，汇总并集中解决问题 1B20、1B25、1C34 • 私下谈心、谈话，征询意见和建议 1B6
	深入基层，了解情况	• 主动到基层了解情况，听取建议 1A85、1A144、1A148 • 了解情况，全面正视企业现状 1A88、1B131、1C143、1E133、1A154、1A101
	通过访谈、邮件、问卷、意见箱、信箱、实地调研、专人负责等方式收集意见和建议	• 意见箱，就个人领导问题或组织问题进行了解调研 1D75、1B43 • 广开渠道，常利用网络邮箱、意见箱等方式，形成民主氛围 1C141
	营造谏言氛围，鼓励提出建议	• 鼓励下属发表自己的意见 1B145、1C92 • 公开鼓励员工谏言，表扬员工的谏言行为 1A20
听	乐于并善于倾听	• 能包容地聆听提意见或建议的人说话，并充分理解 1A157 • 乐于听取不同人不同的声音 1A81
	听来自各个方面的意见	• 领导听取员工建议 1A56、1A67、1A66、1A75、1A77、1A84、1A137、1A141、1A143、1A150、1A168、1B5、1B9、1B76、1B123 • 善于倾听、听取各方意见，包括正反两方面的意见 1A63、1A46、1A108
	听比较负面的信息	• 听取群众意见，特别是比较负面的意见，或不同的声音 1A90 • 全面听取意见，更加全面地了解真实情况，特别是与领导者不同的意见 1A146
	开会听取意见	• 定期会议，听取员工对前段时间工作的意见，以及对后一段时间工作的想法 1A2、1A37
评	总结	• 开会交流，工作总结，主动报告 1A3 • 对于不良甚至失败的实践的总结积累 1B46
	讨论	• 小组讨论，修改方案 1A21
	分析	• 与建议人共同分析提出的问题 1B157
	思考	• 在有价值意见的基础上进一步思考、完善、形成最终方案 1C150

表3-6(续)

分类	主要特征提取	条目优化示例
纳	接受和采纳意见/建议	• 领导者采纳下属、同事的建议和意见 1A64、 1A92、 1A95、 1A110、 1A111、 1A116、 1A145、 1A149、1B64、1B97、 1B115、1B161
	分析思考后接受正确意见和建议	• 接受员工的合理化意见和建议,并针对性地做出相应问题的改进1B65
	接受反面或批评性意见	• 接受下属提出的批评性改进意见1B98
	执行	• 付诸实践并给员工及时的反馈1B93

注:详细的领导纳谏认知评估过程及条目优化结果请参见附录3。

(三)信度分析

杨国枢(2006)认为,信度分析是为了检验不同的编码人员对条目进行维度上归类的结论一致性,即考察编码人员将条目归类到相同维度上的程度。其计算公式为

$$信度 = \frac{n \times 相互同意度}{1 + [(n-1)] \times 相互同意度}$$

其中,n = 编码者个数;相互同意度 = $\frac{M}{N}$,M 表示一致同意数,N 表示该类别拥有的总条目数。该研究的信度分析结果如表3-7所示,从表3-7中可以看出,本次对领导纳谏条目的归类结果信度良好。

表3-7 领导纳谏条目归类信度分析

指标	求	听	评	纳	其他
总条目/个	152	125	34	81	104
一致同意数/个	122	116	21	74	69
相互同意度	0.80	0.93	0.62	0.91	0.66
信度	0.97	0.99	0.94	0.99	0.95

三、领导纳谏量表的题项确定

从上面的分析中我们可以得出,领导纳谏存在4个认知过程,分别为"求""听""评""纳",通过编码和归类,这4个方面一共有392个条

目，其中"求"有 152 个，"听"有 125 个，"评"有 34 个，"纳"有 81
个。为了形成领导纳谏的初始量表，我们首先将属于各个方面条目中相同
或相似的语句整理合并，提取它们的主要特征；其次，组织 1 名博士研究
生导师与 9 名编码人员对每个方面包含的条目充分讨论，结合以往对领导
谏言反应的相关研究量表对相关条目进行改写，从而形成题项。我们参考
的领导谏言反应相关概念量表包括管理者谏言征求（managerial solicitation
of voice）、谏言认可（endorsement）、管理开放性（managerial openness）、
上级反应（supervisory responsiveness）。经过反复讨论和修改后形成以下 4
个方面，共 13 个题项（见表 3-8），其中"求"包括 4 个题项，"听"包
括 3 个题项，"评"包括 3 个题项，"纳"包括 3 个题项。

表 3-8　领导纳谏的结构维度与题项

认知过程	求→听→评→纳	出现频数/个
求	主动征求和收集意见和建议	39
	通过正式渠道（如开会、座谈、邮箱、意见箱、调研等）收集信息，了解情况	72
	通过私下沟通（如谈心、谈话）收集信息，征求建议	12
	营造谏言氛围，鼓励提出建议	29
听	听取各方的意见和建议，包括上级、同事、客户、下属等	104
	虚心听取不同于自己主张的意见和建议，特别是批评意见和建议	8
	乐于且善于倾听	13
评	对收到的建议和意见进行分析和思考	16
	讨论各方意见，评判出合理化意见和建议	17
	与他人平等交换意见，不随意贬低他人的想法	1
纳	接受和采纳合理化意见和建议	65
	将他人意见和建议付诸实践并及时反馈	13
	不断学习接纳新鲜事物	3

第二节　定量检验

领导纳谏测量量表的定量检验包括以下几个部分：①探索性因子分析，通过主成分分析法提取公共因子，探索领导纳谏的维度结构，得出其因子载荷，根据因子分析结果对初始题项进行删减或修订；②验证性因子分析，对通过探索性因子分析所得到的维度结构进行验证，以检验结构模型的合理性；③区分效度检验，为了表明本书编制的领导纳谏量表与以往研究中所采用的西方领导谏言反应相关量表不同，本书将领导纳谏量表与上级反应、管理者谏言征求、谏言认可、管理开放性等构念的量表进行区分效度检验，以检验领导纳谏量表的效度；④效标效度检验，为了反应领导纳谏量表的有效性，本书将验证其效标效度，效标效度的检验将选取领导—成员交换关系、工作满意度、情感承诺、员工谏言频率等作为领导纳谏量表有效性检验的效标。

一、探索性因子分析

（一）数据采集

通过上述定性分析，我们确定了初始量表的 13 个测量题项。为了使题目更具广泛性，我们结合以往学者对领导谏言反应相关研究的测量，额外加入了 7 个测量题项。综上，我们编制了领导纳谏的初始问卷，以完整考察领导纳谏量表。该问卷采用李克特五点量表进行测量（"1"表示"非常不同意"，"5"表示"非常同意"），要求被试者根据自己的实际情况和真实感受对各个题项的描述进行判断。

本书的数据来源于以下两个方面：①线下发放问卷。在企业培训的时候现场发放纸质问卷，培训结束后进行回收。②线上发放问卷。通过问卷星线上发放问卷，主要对象包括不方便进行现场纸质问卷填写的被试人员，我们首先通过电话、微信等通信工具与相关企业负责人沟通好问卷发放事宜；其次向他们推送问卷星链接，方便他们在手机、电脑等信息通信设备上进行操作。

本次问卷一共发放 220 份，回收 214 份，回收率为 97.27%，其中有效问卷 193 份（剔除 21 份信息填写不完善的问卷），问卷有效回收率为

90.19%。经统计，问卷主要来源于湖北、广东以及江苏等省份的企业。有效样本中所有被试者的具体人口统计学特征如下：男性有 116 人，占60.10%，女性有 77 人，占 39.90%；平均年龄为 33.17 岁（标准差为6.82）；中专（含高中）及以下学历的有 27 人，占 14.00%，大专学历的有 20 人，占 10.40%，本科学历的有 99 人，占 51.30%，研究生及以上学历的有 47 人，占 24.40%；在组织中的职位为员工的有 98 人，占 50.80%，管理者有 95 人，占 49.20%；所在企业为国有企业的有 95 人，占 49.20%，民营企业的有 42 人，占 21.80%，外资企业的有 7 人，占 3.60%，合资企业的有 6 人，占 3.10%，其他企业性质的有 43 人，占 22.30%。

（二）分析结果

探索性因子分析利用 SPSS 19.0 作为分析工具，通过主成分分析法，采用最大方差法进行旋转，抽取特征根大于 1 的因子。通过数据分析发现，质性分析得出的 13 个题项能够很好地解释领导纳谏这一构念，因而我们将不再考虑其他相关测量题项。表 3-9 展示了量表各题项的描述性统计分析，包括平均数、标准差以及各题项与总分的相关系数。分析结果表明，所有题项与总分的相关系数在 0.62~0.85，且均显著（$p<0.01$），因而没有必要删除题项。经检验，13 个题项的内部一致性系数为 0.96。

表 3-9 量表各题项的描述性统计分析（$N = 193$）

题项	平均数	标准差	各题项与总分的相关系数
1	3.92	0.95	0.75**
2	3.91	0.94	0.75**
3	3.82	0.90	0.62**
4	3.75	0.99	0.84**
5	3.89	0.98	0.84**
6	3.62	1.09	0.84**
7	3.84	1.04	0.81**
8	4.01	0.87	0.84**
9	4.03	0.91	0.82**
10	4.02	0.87	0.81**
11	4.05	0.84	0.83**

表3-9(续)

题项	平均数	标准差	各题项与总分的相关系数
12	3.84	0.90	0.85 **
13	4.10	0.89	0.74 **

注：* 表示 $p < 0.05$；** 表示 $p < 0.01$。

我们对数据进行 KMO 和 Bartlett 球形度检验，结果显示 KMO 值为 0.95，大于 0.70 的经验判断标准（段锦云 等，2011），Bartlett 球形度检验的 x^2 值为 2 100.23（df = 78，$p < 0.001$），因而适合做因子分析。通过主成分分析法，采用最大方差法进行旋转，抽取特征根大于 1 的因子，得到单维度因子结构模型，具体结果如表 3-10 所示。探索性因子分析结果表明，所有的 13 个题项萃取出一个因子，表明领导纳谏是一个单维度结构，所有 13 个题项的因子载荷均大于 0.6，方差解释量为 66.02%，表明 13 个题项的领导纳谏测量量表具有良好的解释力度。

表 3-10　探索性因子分析结果（N = 193）

	题项	因子载荷
1	我的直接领导会主动征求和收集意见与建议	0.78
2	我的直接领导通过正式渠道（如开会、座谈、邮箱、意见箱、调研等）收集信息，了解情况	0.74
3	我的直接领导通过私下沟通（如谈心、谈话）收集信息，征求建议	0.64
4	我的直接领导致力于营造谏言氛围，鼓励提出建议	0.84
5	我的直接领导会听取各方的意见和建议，包括上级、同事、客户、下属等	0.86
6	我的直接领导会虚心听取不同于自己主张的意见和建议，特别是批评意见和建议	0.86
7	我的直接领导是一个乐于且善于倾听的人	0.83
8	我的直接领导会对收到的建议和意见进行分析和思考	0.85
9	我的直接领导通过讨论各方意见，评判出合理化意见和建议	0.83
10	我的直接领导会与他人平等交换意见，不会随意贬低他人的想法	0.84
11	我的直接领导会接受和采纳合理化意见和建议	0.84
12	我的直接领导会将他人意见和建议付诸实践并及时反馈	0.86

表3-10(续)

题项	因子载荷
13　我的直接领导会不断学习接纳新鲜事物	0.76
特征根	8.58
方差解释量/%	66.02
量表信度（Cronbach α）	0.96

二、验证性因子分析

(一) 数据采集

我们将通过问卷星得到的数据作为验证性因子分析的数据来源，问卷发放对象为企业在职员工，以对探索性因子分析得到的领导纳谏单维结构模型进行验证，并将其与其他领导谏言反应的相关构念进行区分比较，以验证领导纳谏结构模型的合理性。

本次问卷一共发放350份，其中有效问卷为324份，问卷有效回收率为92.57%。所有有效样本的人口统计学变量如下：样本的平均岗位年限（在本岗位上的工作时间）为6.23年（标准差为5.24）；平均年龄为31.42岁（标准差为6.60）；男性共有155人，占47.80%，女性共有169人，占52.20%；中专（含高中）及以下学历的共有4人，占1.20%，大专学历的共有30人，占9.30%，本科学历的共有262人，占80.90%，研究生及以上学历的共有28人，占8.60%；在组织中的职位为员工的共有166人，占51.20%，管理者共有158人，占48.80%；所在企业为国有企业的共有77人，占23.80%，民营企业的共有190人，占58.60%，外资企业的共有26人，占8.00%，合资企业的共有30人，占9.30%，其他企业性质的共有1人，占0.30%。

(二) 分析结果

本书利用 Mplus 6.11 来进行验证性因子分析，图3-1是验证性因子分析的标准化路径。分析结果表明，领导纳谏单维结构的各项指标拟合效果良好（$\chi^2/\text{df} = 2.46$，CFI $= 0.94$，TLI $= 0.93$，RMSEA $= 0.07$，SRMR $= 0.04$），各题项的因子载荷均在0.4以上，符合要求，这说明领导纳谏具有较好的结构效度。

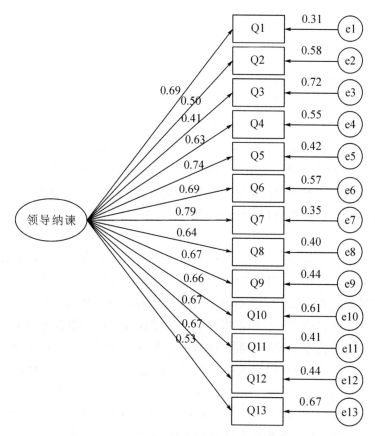

图 3-1 验证性因子分析的标准化路径

三、区分效度检验

区分效度检验是为了验证领导纳谏测量量表与其他领导谏言反应的相关构念量表之间的可区分性，以验证领导纳谏结构模型的合理性。在这里，我们选取了上级反应、管理者谏言征求、谏言认可、管理开放性作为领导纳谏的区分效度检验变量。

（一）变量测量

（1）上级反应。采用 Saunders、Sheppard、Knight 和 Roth（1992）编制的量表，共 6 个题项，如"我的直接领导很及时地处理我提出的问题""如果我的问题是合理的，我的直接领导愿意支持我"等。经检验，该量表的 Cronbach α 为 0.76。

（2）管理者谏言征求。采用 Fast、Burris 和 Bartel（2014）编制的量表，共 4 个题项，如"我的直接领导会向我询问与工作任务相关的知识""我的直接领导会亲自询问我那些我认为有益于提升组织的事情"等。经检验，该量表的 Cronbach α 为 0.78。

（3）谏言认可。采用 Burris（2012）编制的量表，共 5 个题项，如"我的直接领导认为我的意见是有价值的""我的直接领导在他/她的上级面前会支持我的意见"等。经检验，该量表的 Cronbach α 为 0.84。

（4）管理开放性。采用 Deter 和 Burris（2007）编制的量表，共 4 个题项，如"我的直接领导愿意做出改变""我的直接领导对我的想法感兴趣"等。经检验，该量表的 Cronbach α 为 0.82。

（二）检验结果

鉴于上述变量均为单维度结构，因而我们基于各变量的题项直接进行分析。表 3-11 展示了各变量题项的因子载荷，分析结果表明，各题项的因子载荷均在 0.4 以上，说明各个变量均具有较好的结构效度。另外，我们分析了一因素模型、二因素模型、三因素模型、四因素模型及五因素模型，得到各个模型的拟合指数。模型中各个变量的结合情况以及分析结果如表 3-12 所示。分析结果表明，在领导纳谏、上级反应、管理者谏言征求、谏言认可、管理开放性均作为独立变量时（五因素模型）拟合效果最好（$\chi^2/df = 1.78$，CFI = 0.93，TLI = 0.92，RMSEA = 0.05，SRMR = 0.04），说明这五个变量具有良好的可区分性，领导纳谏量表具有良好的区分效度。

表 3-11　各变量题项的因子载荷

题项	因子载荷	题项	因子载荷	题项	因子载荷
Item1	0.68	Item12	0.67	Item23	0.70
Item2	0.49	Item13	0.54	Item24	0.69
Item3	0.41	Item14	0.62	Item25	0.72
Item4	0.63	Item15	0.62	Item26	0.73
Item5	0.72	Item16	0.57	Item27	0.72
Item6	0.69	Item17	0.52	Item28	0.77
Item7	0.79	Item18	0.65	Item29	0.67

表3-11(续)

题项	因子载荷	题项	因子载荷	题项	因子载荷
Item8	0.64	Item19	0.58	Item30	0.81
Item9	0.67	Item20	0.71	Item31	0.71
Item10	0.67	Item21	0.69	Item32	0.73
Item11	0.67	Item22	0.63		

注：Item1 至 Item13 是领导纳谏的测量题项；Item14 至 Item19 是上级反应的测量题项；Item20 至 Item23 是管理者谏言征求的测量题项；Item24 至 Item28 是谏言认可的测量题项；Item29 至 Item32 是管理开放性的测量题项；具体的题项内容详见附录4。

表 3-12　区分效度检验结果

模型	因子结构	χ^2	df	χ^2/df	CFI	TLI	RMSEA	SRMR
五因素模型	VT；SR；SV；VE；MO	809.59	454	1.78	0.93	0.92	0.05	0.04
四因素模型	VT+SR, SV, VE, MO	847.98	458	1.85	0.92	0.91	0.05	0.05
四因素模型	VT+VE, SR, SV, MO	1 049.77	458	2.29	0.88	0.87	0.06	0.05
四因素模型	VT+SV, SR, VE, MO	965.75	458	2.11	0.90	0.89	0.06	0.05
四因素模型	VT+MO, SR, SV, VE	1 007.87	458	2.20	0.89	0.88	0.06	0.05
三因素模型	VT+SR+SV, VE, MO	982.96	461	2.13	0.89	0.89	0.06	0.05
三因素模型	VT+SR+VE, SV, MO	1 052.84	461	2.28	0.88	0.87	0.06	0.05
三因素模型	VT+SR+MO, SV, VE	1 014.00	461	2.20	0.89	0.88	0.06	0.05
三因素模型	VT+SV+VE, SR, MO	1 134.51	461	2.46	0.86	0.85	0.07	0.05
三因素模型	VT+SV+MO, SR, VE	1 098.54	461	2.38	0.87	0.86	0.07	0.05
三因素模型	VT+VE+MO, SR, SV	1 085.13	461	2.35	0.87	0.86	0.07	0.05
二因素模型	VT+SR+SV+MO, VE	1 101.60	463	2.38	0.87	0.86	0.07	0.05
二因素模型	VT+SR+VE+MO, SV	1 087.76	463	2.35	0.87	0.86	0.07	0.05
二因素模型	VT+SV+VE+MO, SR	1 152.87	463	2.49	0.86	0.85	0.07	0.05
二因素模型	VT+SR+SV+VE, MO	1 136.95	463	2.46	0.86	0.85	0.07	0.05
一因素模型	VT+SR+SV+VE+MO	1 155.79	464	2.49	0.86	0.85	0.07	0.05

注：VT 表示领导纳谏，SR 表示上级反应，SV 表示管理者谏言征求，VE 表示谏言认可，MO 表示管理开放性。

四、效标效度检验

领导纳谏测量量表的有效性通过效标效度检验来实现。在这里，我们主要选取了领导—成员交换关系、工作满意度、情感承诺以及员工谏言频率作为领导纳谏量表有效性检验的效标。

领导—成员交换关系是指领导与下属员工之间的交换关系质量（Graen et al.，1995）。领导与员工之间的交换关系在很大程度上影响了领导者的纳谏决策。高质量的领导—成员交换关系具有信任、喜欢、尊重、忠诚等特点（Dansereau et al.，1975；Liden et al.，1998），领导者对与自己关系好的员工会更加信任和喜欢，更倾向于将该员工的谏言归因为亲社会动机，并会增加对其谏言的建设性感知，因而更可能采纳其谏言（杜旌 等，2014）。与领导交换关系质量高的员工更可能被归为"圈内人"，他们对组织的付出与努力更能够得到认可，而"圈外人"则会获得较少的关注和认可，甚至可能遭受压制和批评，即使他们的付出并不比"圈内人"少（陈芳丽 等，2016）。鉴于此，本章提出以下假设：

H1：领导—成员交换关系与领导纳谏存在正相关关系。

作为谏言对象，领导者控制了许多有价值的资源，如信息、支持、薪酬、晋升、工作分配等，员工总是倾向于关注他们的上级领导如何对自己的谏言做出反应（Detert et al.，2007）。领导者采纳员工谏言意味着对员工建议和想法的认可和支持，是对员工知识与付出的尊重与重视（Janssen et al.，2015），这使得员工感受到来自上级领导的支持，认为自己在工作中是有价值的。另外，领导纳谏也可以增进领导者与员工之间的关系，增强员工的自我效能感和地位感知（Janssen et al.，2015；王凯 等，2018），因而其工作满意度会有所提高。此外，领导纳谏使得员工感知到支持与认可，这会激发员工的互惠意识，促使其通过提高对组织的情感承诺来回报领导者的认可与重视。员工提出的关于提升组织的建议被领导者采纳会激发员工的主人翁意识，增强其对组织的认同感和归属感。领导者采纳员工谏言使得员工对组织事务有一种参与感，从而能够提高他们对组织的心理卷入程度（Tangirala et al.，2012）。鉴于此，本章提出以下假设：

H2：领导纳谏与工作满意度存在正相关关系。

H3：领导纳谏与情感承诺存在正相关关系。

领导纳谏向员工释放了这样一种信号，即领导者对谏言行为持开放态度，鼓励员工提出、愿意倾听并采纳执行与工作相关的合理化建议、意见和想法，营造了一种良好的谏言氛围，因而员工会更多地实施谏言行为。另外，领导纳谏会提升员工的谏言自我效能感（王凯 等，2018），当建议被采纳后，员工会更加认为自己有能力提出谏言，因而会更加积极地谏言。鉴于此，本章提出以下假设：

H4：领导纳谏与员工谏言频率存在正相关关系。

（一）变量测量

（1）领导纳谏。采用本书编制的量表，共 13 个题项，如"我的直接领导会主动征求和收集意见与建议""我的直接领导致力于营造谏言氛围，鼓励提出建议"等。经检验，该量表的 Cronbach α 为 0.90。

（2）领导—成员交换关系。采用 Scandura 和 Graen（1984）编制的量表，共 7 个题项，如"我的直接领导非常了解我的工作问题和需求""我的直接领导会运用职权帮助我解决工作困难"等。经检验，该量表的 Cronbach α 为 0.83。

（3）工作满意度。采用 Hackman 和 Oldman（1980）编制的量表，共 3 个题项，如"总体而言，我对自己的工作感到满意""我大体满意从这份工作中得到的成就感"等。经检验，该量表的 Cronbach α 为 0.78。

（4）情感承诺。采用 Mayer 和 Allen（1993）编制的量表，共 6 个题项，如"我觉得公司面临的问题就是我自己所面临的问题""我对我的公司有很强的归属感"等。经检验，该量表的 Cronbach α 为 0.86。

（5）员工谏言频率。采用 Detert 和 Burris（2007）编制的量表，共 3 个题项，如"我向直接领导提出解决员工需求和问题的想法""我会就如何使组织变得更好提出自己的建议"等。经检验，该量表的 Cronbach α 为 0.73。

（二）假设检验

采用 Mplus 6.11 进行本书的假设检验，检验结果如图 3-2 所示。分析结果表明，领导纳谏效标效度检验整体模型的各项拟合指标均良好（x^2/df = 1.91，CFI = 0.91，TLI = 0.90，RMSEA = 0.05，SRMR = 0.05），且领导—成员交换关系与领导纳谏存在显著正相关关系（b = 0.72，$p < 0.001$），H1 得到验证；领导纳谏与工作满意度存在显著正相关关系（b = 0.55，$p < 0.001$），H2 得到验证；领导纳谏与情感承诺存在显著正相关关系（b = 0.66，$p < 0.001$），H3 得到验证；领导纳谏与员工谏言频率存在显著正相关关系（b = 0.36，$p < 0.001$），H4 得到验证。由此可见，领导纳谏与领导—成员交换、工作满意度、情感承诺和员工谏言频率均在 0.001 的水平上显著相关，说明领导纳谏量表的效标效度良好。

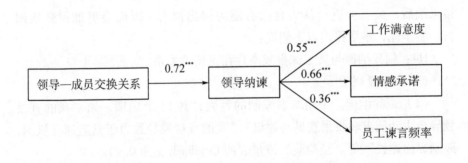

$\chi^2/df = 1.91$，CFI=0.91，TLI=0.90，RMSEA=0.05，SRMR=0.05

注：*表示$p < 0.05$，**表示$p < 0.01$，***表示$p < 0.001$；N=324。

图3-2 领导纳谏量表效标效度检验

第三节 总结与讨论

本章主要对领导纳谏的维度结构进行了讨论和分析，我们首先通过定性分析获得了领导纳谏的13题项初始量表，其次通过探索性因子分析得出领导纳谏是一个单维结构构念，同时也通过了验证性因子分析的检验，研究结果表明，领导纳谏测量量表具有良好的信效度。

领导纳谏是领导者鼓励员工谏言，征求与听取员工建议，认可员工所提出的与工作相关问题的建设性意见或想法，并在工作流程与实践中加以实施以提高组织效率和效能的过程。领导纳谏与员工谏言相辅相成。员工谏言作为一种沟通性行为，如果没有获得谏言接收者的认可与采纳，那么它将无法发挥积极作用。但是以往研究更多关注员工谏言这一积极行为，忽视了领导者在员工谏言效果发挥过程中的重要作用，领导纳谏并没有得到应有的重视。近年来，国外学者开始逐渐关注领导者对员工谏言的反应研究，提出了一些领导纳谏的相关概念，如管理开放性、谏言认可、管理者谏言征求、谏言执行倾向、上级反应等，但这些概念都基于西方文化视角，且各有侧重点，并不能完整全面地反映领导纳谏的具体内涵，因而领导纳谏缺乏清晰完整的定义，也没有可靠合适的测量工具。本书在文献回顾的基础上清晰定义了领导纳谏的具体内涵，并通过定性与定量相结合的方式编制了领导纳谏的测量量表。研究结果表明，领导纳谏是一个单维度结构构念，它与其他领导谏言反应相关变量之间也存在良好的区分性，说明本书开发的领导纳谏量表具有良好的信效度，可以运用到后续的实证研究当中。

定量分析结果表明，领导纳谏是一个单维度构念，这是因为领导纳谏其实是一个认知评估的过程，求、听、评、纳四个方面是领导纳谏的一个动态过程，在领导者真正采纳员工谏言并执行之前，领导者们首先需要对员工谏言持开放态度，面向员工征求建议和意见，乐于并善于倾听，并对谏言做出是否合理、是否可行的评判。这四个方面相互交融，不可分割，领导者在实际的工作当中也很难只是单独地实施某一个方面，因而领导纳谏的单维度结构模型是合理的。

本书也存在一些不足。在效标效度检验的过程中，我们采用的是横截面数据，这可能会存在一些共同方法偏差。在未来研究中可以采用分时间段采集数据的方法，也可以采用领导—员工配对数据，这样可以减少共同方法偏差，使得领导纳谏量表的有效性更具说服力。另外，由于领导纳谏量表的缺失，学术界对领导纳谏的研究不足，未来可以通过实证方式探讨其影响因素和影响结果，并深入研究其中的中介和调节机制，如员工谏言类型对领导纳谏的影响机制研究等。

第四章　员工谏言对领导纳谏的
影响研究

　　本章主要探讨促进性谏言和抑制性谏言对领导纳谏的影响机制，主要包括以下几个方面：第一，详细阐述本书的理论基础，即认知评价理论，并根据该理论构建研究模型；第二，从员工谏言与领导评估、领导评估的中介作用、领导评估和心流的链式中介作用、上级喜欢的调节作用四个方面阐述其理论发展并提出研究假设；第三，进行研究设计，包括数据采集、变量测量，并进行信度分析、共同方法偏差检验与区分效度分析；第四，对本章中所提出的假设进行实证检验；第五，对本章研究进行总结与讨论。

第一节　认知评价理论

　　认知评价理论的核心在于，个体会根据事件与幸福感以及个人目标实现的关联度来对身边发生的事件不断进行评估，因此认知评价是个体评估事件及其对自身潜在影响的过程，它会导致个体对所遇到的事件做出情绪和行为倾向反应（Oreg et al., 2018）。评估对于人们来说是十分重要且必要的，这是因为尽管某些环境需求会对大部分人产生压力，但是由于个体和群体之间存在显著差异，他们对特定事件的敏感程度以及受影响程度也会不同，因而会导致其对事件产生不同理解和反应。另外，为了生存和发展，人们必须将良性情境和危险情境区分开来，这些区分通常是微妙、复杂和抽象的，它们高度依赖于有效的认知系统。因此，认知评价反映了具有特定个性特征的个体与需要被预测和理解其特征的环境之间所发生的独特的、变化性的关系（Lazarus et al.，1984）。

许多心理压力领域的早期研究者使用了评估的概念，但大多数都是以非系统、非正式或含蓄的方式表达。Arnold（1960，1970）第一次尝试系统地讨论这个概念。她认为，评估是情绪的认知决定因素，并将它描述为自动发生的快速的、凭直觉的过程。Lazarus 和 Folkman（1984）也同意评估决定情绪，以及情绪反应可以是立即的，尤其是对强烈的听觉或视觉刺激的反应，甚至是更为微妙或抽象暗示的反应，但他们强调的是更为复杂的、与意义相关的认知活动。他们所提出的评估的概念远远超出了立即和无心的认知-情感反应范围，他们关注的是任何导致个体感觉到其适应性资源被消耗或超过资源承受范围的事件。

认知评估过程分为两个阶段：初次评估（primary appraisal）和二次评估（secondary appraisal）。初次评估涉及事件与个体幸福感（与潜在伤害相对应）的相关性，是个体对事件与自身相关性的评价，一旦事件被评估为压力事件，二次评估就会被触发，个体会评估自己应对该事件的能力，这些评估的结合决定了情绪的产生（Oreg et al.，2018）。初次评估关注的是个体在某个事件结果中的利害关系，它涉及三个方面的评估：目标相关性（goal relevance）、目标一致性（goal congruence）以及目标内容①（goal content）。目标相关性是指，事件与个体的相关程度以及事件对个体的重要程度，它决定了在一个遭遇中情绪存在的潜在可能性；目标一致性是指，事件与个体目标的一致程度，它关注的是事件被评估为有害的或威胁的还是有利的，它决定了情绪反应是积极的还是消极的；目标内容是区分情绪类型（如愤怒、愧疚等）的必要条件，它涉及的是目标的种类（Lazarus，1991）。通过初次评估，个体可以将事件分为三类：不相关（irrelevant）事件、良性-积极（benign-positive）事件以及压力（stressful）事件。当一个事件对个体的幸福感没有任何意义时，它就成为不相关事件，这样的事件对价值、需要或承诺没有影响，在交易中也没有任何损失或收益。如果一个事件的结果被认为是积极的，也就是说它能保持或增强幸福感，那么它就属于良性-积极事件，这样的事件会引发积极情绪，如喜悦、愉快或幸福。而当一个事件会危害或已经危害到个体幸福感时，就属于压力事件。压力评估也分为三种类型：损害/损失（harm/loss）、威胁（threat）和挑

---

① Lazarus（1991b）将目标内容改为自我卷入类型（type of ego-involvement）。

战（challenge）。其中，损害/损失评估是指，对于个体来说已经造成一些损害；威胁评估则关注损害或损失还没有发生但预计可能会发生，它可以进行预期应对；挑战评估与威胁评估有很多共同点，因为它也需要付出应对努力，但挑战性评估关注的是事件中固有的潜在收益或成长。图 4-1 展示了初次评估的具体过程。

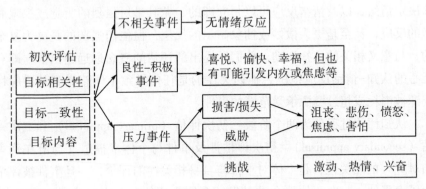

图 4-1　初次评估的具体过程①

当我们处于困境时，不管它是威胁的还是挑战的，我们都必须要做些什么来管理这些情境，这时我们会对自己能做些什么进行评估，也就是前文所提到的二次评估。二次评估关注应对的选择和前景，二次评估包括三个决策：责备或信任，以及针对的是自己还是他人；应对潜能；未来期望。其中，责备或信任取决于损害、威胁或收益是否有责任归属，以及这些人在其损害或有利行为中的完全控制程度，因此责任归属和控制这两种属性是责备或信任评估的基础；应对潜能与我们是否能够或以何种方式使得个人与环境的关系变得更好有关，它指的是个体对于能够控制或修改所经历的事件的评估；未来期望关注的是事情是否会向有利方向发展或恶化，包括有效应对和无效应对（Smith et al.，1985；Lazarus，1991；Oreg et al.，2018）。总而言之，评估和应对是认知评价理论的两个核心概念（李超平 等，2019），情绪就来源于个体对事件的认知评价。

一些学者将认知评价理论应用于压力反应或变革反应的研究之中，例如 Latack、Kinicki 和 Prussia（1995）基于认知评价理论构建了个体对非自愿失业的应对模型。他们认为，当个体面对失业压力时会进行认知评估，

---

① LAZARUS R S, FOLKMAN S. Stress, appraisal, and coping [M]. New York：Springer publishing company，1984.

评估失业对自身所造成的损害/损失或威胁的程度，这会直接影响个体的应对目标，进而影响其应对战略。当然，整个评估过程会受到应对效能感和应对资源的影响。Liu 和 Perrewe（2005）则基于认知评价理论构建了组织变革的情绪反应过程模型。在组织变革的过程中，个体的初次评估和二次评估会导致情绪体验的不断变化，进而影响其态度和行为。Oreg 等人（2018）则认为，变革接受者并不只是对变革做出被动的反应，他们也可以扮演主动角色。他们从情绪的效价（valence）和激活（activation）两个方面介绍了变革事件接受者的情感和行为反应模型，分析了初次评估和二次评估如何对变革接受者产生影响。尽管这些研究或模型主要用于个体对变革的反应，但它们从认知评估视角揭示了反应的整个过程，有助于构建员工谏言对领导纳谏的影响机制模型。

　　领导纳谏是领导者对员工谏言的一种反应，领导者在与员工进行信息互动时会对员工提供的信息进行评估再决定其走势（Yaniv et al., 2000）。员工谏言作为一种改善组织、挑战现状、要求管理者做出改变的行为，势必需要领导者付出大量的时间和精力，使得领导者产生一定的压力。事实上，任何帮助行为都混合着支持和威胁两种成分（Fisher, 1983），员工谏言所同时具有的建设性和挑战性使得其自动带有支持和威胁两种成分，从而导致领导者对谏言行为的正面反应和负面反应。因此，基于认知评价理论，我们认为领导纳谏取决于领导者对谏言行为的两个评估：挑战性评估和阻碍性评估。如果员工谏言与领导者的目标具有一致性，被领导者认为能够促进其个人成长和增强其幸福感，那么领导者将对其做出挑战性评估，并产生积极认知和情绪，从而做出纳谏反应；如果员工谏言与领导者目标不一致，使得领导者感知到威胁和阻碍，那么领导者将对其做出阻碍性评估，并产生消极认知和情绪，从而减少纳谏。另外，领导者对员工谏言的整个评估过程还会受到很多其他因素的影响，如领导者对员工的喜欢程度等，领导者越喜欢该员工，则越可能对其谏言做出挑战性评估，而越不会对其谏言做出阻碍性评估，导致心流体验增加，最终引发纳谏行为。基于此，本书构建了员工谏言与领导纳谏关系的研究模型（见图4-2）。

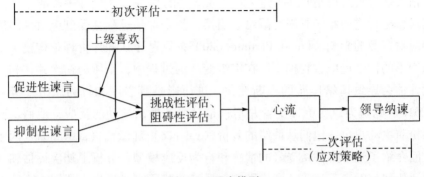

图 4-2　研究模型

第二节　理论发展与假设提出

一、员工谏言与领导评估

本书根据 Liang、Farh C I C 和 Farh J L（2012）的研究，将员工谏言分为促进性谏言和抑制性谏言。根据认知评价理论，员工谏言对领导者来说是一种外部刺激，这种刺激需要领导者消耗资源来加以应对，因而对领导者来说也是一种压力。领导者会对这种压力事件进行初次评估，初次评估是个体对压力事件有益或有害的知觉（Lazarus et al.，1984），当压力事件对个体期望结果或幸福感具有潜在损害或限制时，个体会对压力事件做出阻碍性评估；当压力事件对个体来说具有潜在收益或成长时，个体会对压力事件做出挑战性评估（Lazarus et al.，1984；LePine et al.，2016）。

促进性谏言是指，员工为了提高工作单位或组织的整体运作效率而提出新想法或建议，它一般伴随着创新性的解决方案和改善建议且着眼于未来的理想状态（Liang et al.，2012）。创新性的解决方案和改善建议能够减少领导者的工作量，使得领导者对谏言员工做出亲社会动机归因，因而领导者更可能对其做出建设性感知（Whiting et al.，2012）。促进性谏言的未来导向也使得领导者可能将其视为推进工作任务进程以及提高管理效率的机会，使其更好地实现管理目标和达到管理角色要求，通过管理技能的提升而获得个人成长，有利于个人学习，领导者更愿意投入自己的时间和资源，因而更可能对员工的促进性谏言做出挑战性评估。鉴于此，本书提出以下假设：

H1a：促进性谏言正向影响挑战性评估。

H1b：促进性谏言负向影响阻碍性评估。

抑制性谏言是指，员工对有害于组织的工作实践、事件或员工行为的表达，它旨在提出对组织有害的因素，但未必提出明确的解决方案，它可能是针对过去已经对组织造成损害的事情，也有可能是针对潜在对组织有害的事情（Liang et al., 2012）。抑制性谏言更可能被领导者感知为一种破坏性行为，因为它含蓄或明确地批评领导者或领导者负责监督的一系列例行程序（Burris, 2012）。它可能被领导者认为对自己是一种威胁或阻碍，因为抑制性谏言传递的信息让领导者觉得下属在质疑其管理能力，在任务完成和目标实现的过程中出现了偏差（Fast et al., 2014），这使得领导者不得不将注意力从原来的目标实现过程中分离出来解决问题，让他们觉得自己花费的时间和精力没有获得肯定和回报（LePine et al., 2016），因而更可能对员工的抑制性谏言做出阻碍性评估。鉴于此，本书提出以下假设：

H2a：抑制性谏言负向影响挑战性评估。

H2b：抑制性谏言正向影响阻碍性评估。

二、领导评估的中介作用

心流是一种最佳的体验状态，在这种状态下，个体会感到认知上的有效性、深度投入以及高水平愉悦所带来的高动机（Csikszentmihalyi et al., 1988），它被定义为个体所拥有的高专注、低自我意识、高控制感知以及愉悦的主观体验（Ullen et al., 2012），包含积极认知和积极情绪体验等内涵。当个体参与具有挑战性的活动或任务，且这些活动或任务的难度与个体的技能水平相匹配时，就会产生心流这种心理状态（Csikszentmihalyi et al., 1988）。当对某个事件做出挑战性评估时，个体认为这是促进自我成长和学习、实现目标的机会，人们通常会努力抓住挑战性评估所带来的这些机会，因为这样做最终能够使他们形成自我价值感（Lazarus, 1991; Rodell et al., 2009），因而他们会把注意力聚焦到这种能够让其实现自我价值的事件当中，这可能会让其感到沉浸、忘记时间和疲倦（Parker et al., 2010），因而产生心流体验。与此相反，当对某个事件做出阻碍性评估时，个体认为这会阻碍个人成长和目标实现，所以会排斥这类事件并产生消极体验（Rodell et al., 2009），因而不会产生心流体验。

根据认知评价理论，情绪是个体对压力事件感知到有益或有害的反应（Lazarus，1991），而这个反应是通过认知评价来决定和完成的（傅小兰，2016），不同的评价结果会产生不同类型的情绪反应。挑战性评估聚焦于压力事件内在的潜在益处、学习性、成长性或目标一致性，因而会引发领导者的积极情绪和积极体验（Lazarus et al.，1984）。当一个压力事件被领导者评估为具有挑战性时，他们相信自己能够有效处理或掌控压力情境，因而会引发其心流体验（Chamberlin，2017）；而阻碍性评估聚焦于压力事件的潜在伤害性，当一个压力事件被领导者评估为具有阻碍性时，会使得领导者感知到威胁，认为其阻碍了个人成长和目标实现，因而会引发其消极情绪和体验。鉴于此，本书提出以下假设：

H3a：挑战性评估正向影响心流。

H3b：阻碍性评估负向影响心流。

综上所述，根据认知评价理论，知觉和认知是刺激事件与发生情绪反应之间的必需中介物（Arnold，1960），因为刺激事件本身并没有好坏之分，也不会对人造成困扰，但人们对事件的看法会影响其后续反应，而人们对事件的评估无时不在、无处不在（Lazarus et al.，1984）。促进性谏言为领导者提供了学习和成长的机会，帮助其提高决策质量和管理效能（Van Dyne et al.，1998），领导者可能会评估该行为对自己是有益的或有用的，因而会对其做出挑战性评估，进而产生心流体验；而抑制性谏言传递的信息表明，在任务完成和目标实现上出现了偏差，可能让领导者觉得下属在质疑其管理能力，或可能会影响其既定目标的实现，领导者可能会评估该行为对自己是一种威胁或阻碍，因而会对其做出阻碍性评估，也就不会产生心流体验。基于此，本书提出以下假设：

H4a：挑战性评估在促进性谏言与心流之间起中介作用。

H4b：挑战性评估在抑制性谏言与心流之间起中介作用。

H4c：阻碍性评估在促进性谏言与心流之间起中介作用。

H4d：阻碍性评估在抑制性谏言与心流之间起中介作用。

三、领导评估和心流的链式中介作用

当个体处于压力情境中，不管该压力情境是挑战性的还是阻碍性的，他都必须做些什么来管理该情境，即个体会对能做什么进行评估，该过程被称为二次评估（Lazarus et al.，1984）。个体采取某种行动或措施应对威

胁或挑战的行为即为"应对",包括降低、回避、忍受和接受这些应激条件,也包括试图对环境进行控制(李超平 等,2019)。心流是一种积极的主观体验,在这种积极状态下的个体会更多采用积极的应对策略(Asakawa,2010)。领导纳谏是领导者对员工谏言的积极主动应对,同时也是一种主动挑战现状、对现状做出改变的行为,当领导者处于高愉悦、高控制和高投入状态时,他们的内在需要(如能力需要、自主需要等)得到满足(Parker et al.,2010),因而领导者更可能对员工谏言给予更多关注和支持,也更有可能存在主动对现状做出改变的内在动机。另外,情绪会影响领导者的认知、判断和行为,领导纳谏是领导者对员工谏言进行评估后做出的行为反应,因而情绪可能会影响领导者对谏言的接纳程度(Gino et al.,2008)。领导者处于积极情绪状态时对谏言者更为信任,更愿意倾听员工谏言(Mansell et al.,2006;闫婷婷 等,2014),因而更可能采纳员工谏言;而处于消极情绪状态下的领导者通常更为固执,会更多忽视他人谏言(闫婷婷 等,2014),因而不太可能采纳员工谏言。鉴于此,本书提出以下假设:

H5:心流正向影响领导纳谏。

Sharek、Burris 和 Bartel(2010)指出,注意力是管理者对谏言行为采取行动的关键前提,但领导者的注意力是有限的,因此他们更可能专注于被评估为有利于个人成长和学习的谏言,并最终做出纳谏反应。综上所述,根据认知评价理论,员工谏言会引发领导者的初次评估,即领导者对员工谏言有益或有害的知觉,从而形成挑战性评估或阻碍性评估。当谏言被评估为能够促进学习和成长、有利于增强幸福感时,领导者就会产生心流体验,进而促其纳谏;相反,当谏言被评估为阻碍管理目标实现、减少个人幸福感时,领导者就会减少心流体验的产生,进而抑制其纳谏。鉴于此,本书提出以下假设:

H6a:挑战性评估与心流中介了促进性谏言与领导纳谏之间的关系。
H6b:挑战性评估与心流中介了抑制性谏言与领导纳谏之间的关系。
H6c:阻碍性评估与心流中介了促进性谏言与领导纳谏之间的关系。
H6d:阻碍性评估与心流中介了抑制性谏言与领导纳谏之间的关系。

四、上级喜欢的调节作用

Lazarus 等人指出,面对相同情境,同一个体对不同对象可能存在不同反应或反应的程度不同,因为个体对某一事件的评估还受到其他外在因素的影响（Lazarus et al.，1984；Lazarus，1991）。尽管无论是促进性谏言还是抑制性谏言，其目的都是改善组织现状、提高组织有效性，但领导者对员工谏言的评估还会受到其是否喜欢该员工的影响。现有文献更多聚焦于谏言者特征（如专业性、可靠性等）、谏言信息（如谏言性质、解决方法等）、领导者特征（如自信、人格特质等）等前因变量如何对领导谏言反应产生影响，而较少考虑领导者与员工之间的关系互动对员工谏言与领导者评估之间关系的影响。

学者们指出，上级对员工的喜欢在领导者的认知评估过程中起着重要作用（Wayne et al.，1990；Lefkowitz，2000），上级喜欢员工作为一种人际互动情感，会对信息处理过程产生重要影响。认知加工的相关研究表明，情感是评价者评估时信息加工过程的一部分（Strauss et al.，2001）。领导者喜欢该员工的程度越高，就会越信任该员工（Whiting et al.，2012），越倾向于将其谏言动机归因为亲社会动机，认为其谏言是为了帮助自己提高管理效能、发现并解决问题，会将该员工谏言感知为对自己的一种支持，因而会觉得该员工谏言能够增强个人幸福感，有利于个人成长和学习，因此上级对员工的喜欢会增强促进性谏言与挑战性评估之间的正向关系及与阻碍性评估之间的负向关系。另外，领导者越喜欢该员工，说明领导者与该员工之间的关系距离越小，因此领导者会将更多注意力放在自己喜欢的员工身上（Piezunka et al.，2015），更多关注他们的谏言并相信其谏言能够增强其幸福感知。鉴于此，本书提出以下假设：

H7a：上级喜欢将调节促进性谏言与挑战性评估之间的关系，即领导者对员工的喜欢程度越高，促进性谏言与挑战性评估之间的正向关系越强。

H7b：上级喜欢将调节促进性谏言与阻碍性评估之间的关系，即领导者对员工的喜欢程度越高，促进性谏言与阻碍性评估之间的负向关系越强。

H7c：上级喜欢将调节抑制性谏言与挑战性评估之间的关系，即领导者对员工的喜欢程度越高，抑制性谏言与挑战性评估之间的负向关系越弱。

H7d：上级喜欢将调节抑制性谏言与阻碍性评估之间的关系，即领导者对员工的喜欢程度越高，抑制性谏言与阻碍性评估之间的正向关系越弱。

综上所述，根据认知评价理论，领导者对员工的互动情感关系（上级喜欢）会影响其对员工谏言的认知评估过程，当领导者对该员工的喜欢程度越高时，他们越可能对员工谏言做出挑战性评估，进而引发心流体验；而当领导者对该员工的喜欢程度越低时，他们会排斥员工谏言，认为谏言是对其能力的质疑，因而越可能对员工谏言做出阻碍性评估，进而减少心流体验的产生。鉴于此，本书提出以下假设：

H8a：上级喜欢将调节挑战性评估在促进性谏言与心流之间的中介作用，即领导者对员工的喜欢程度越高，挑战性评估的中介作用越强。

H8b：上级喜欢将调节挑战性评估在抑制性谏言与心流之间的中介作用，即领导者对员工的喜欢程度越高，挑战性评估的中介作用越弱。

H8c：上级喜欢将调节阻碍性评估在促进性谏言与心流之间的中介作用，即领导者对员工的喜欢程度越高，阻碍性评估的中介作用越强。

H8d：上级喜欢将调节阻碍性评估在抑制性谏言与心流之间的中介作用，即领导者对员工的喜欢程度越高，阻碍性评估的中介作用越弱。

第三节　研究设计

一、数据采集

为了减少共同方法偏差问题，本书采用领导—员工配对的方式进行问卷发放与收集，因此问卷分为两个部分：员工问卷和领导问卷。员工主要对其人口统计学变量、员工谏言与领导纳谏等构念进行填写和评价，领导主要对其人口统计学变量、挑战性评估、阻碍性评估、心流以及上级喜欢等构念进行填写和评价。问卷发放时间为 2019 年 11 月至 12 月，主要采取现场调研与网络问卷链接推送等方式，被试者主要来自武汉、上海、南京等城市，问卷通过员工与其直接领导的姓名或代码进行配对。关于现场调研方式，我们首先与企业相关负责人沟通好问卷发放事宜，对于愿意填写真实姓名的被试者则直接填写其真实姓名以用于配对；对于不愿意填写真实姓名的被试者，我们先根据企业负责人提供的花名册为其分配代码，然后根据代码来填写对应的问卷。最后我们对这些问卷进行最终的配对和筛选。

本次调研一共发放了 200 份员工问卷，100 份领导问卷，平均每位领导者评价 2 个员工。最终收回 180 份员工问卷和 95 份领导问卷，剔除无效问卷及无法配对问卷，最终有效的员工问卷为 174 份，领导问卷为 90 份，员工问卷有效回收率为 87%，领导问卷有效回收率为 90%。在有效的领导样本中，男性占 80%，女性占 20%；领导者的平均年龄为 35.60 岁，标准差为 7.23；平均的岗位工作年限为 6.83 年，标准差为 7.75；大专学历占 13.3%，本科学历占 40%，硕士及以上学历占 46.7%。在有效的员工样本中，男性占 41.4%，女性占 58.6%；员工的平均年龄为 27.62 岁，标准差为 4.87；平均岗位工作年限为 3.90 年，标准差为 4.06；中专（含高中）及以下学历占 3.4%，大专学历占 10.3%，本科学历占 62.1%，硕士及以上学历占 24.1%。

二、变量测量

在变量的选择和使用过程中，除了领导纳谏是自开发量表外，其他量表均借鉴国外成熟量表。为了更好地表达研究构念以及题项的意思，我们遵循"翻译—回译"的程序和原则，并根据实际情况及中文表达习惯对量表进行修订，以使量表的设计尽可能有效化和合理化。除了人口统计学变量外，所有的变量题项均采用李克特五点量表进行测量，其中 1 表示"非常不同意"，5 表示"非常同意"。

促进性谏言采用了 Liang、Farh C I C 和 Farh J L（2012）编制的量表，共 5 个题项，由员工自评完成，具体题项有"我会就可能影响企业的问题积极思考并提出建议""我会积极提出帮助企业达成目标的建设性建议"等。

抑制性谏言采用了 Liang、Farh C I C 和 Farh J L（2012）编制的量表，共 5 个题项，由员工自评完成，具体题项有"我会就可能造成企业严重损失的问题实话实说，即使其他人有不同意见""我敢于对企业中可能影响工作效率的现象发表意见，即使这会使他人难堪"等。

挑战性评估采用了 LePine、Zhang、Crawford 和 Rich（2016）编制的量表，共 3 个题项，由领导者对每个下属做出评价，具体题项有"这个下属提供的信息帮助我实现个人目标和成就""这个下属表达的知识有助于提高我的个人成长和幸福感"等。

阻碍性评估采用了 LePine、Zhang、Crawford 和 Rich（2016）编制的量表，共 3 个题项，由领导者对每个下属做出评价，具体题项有"这个下属提供的信息限制了我实现个人目标和发展""这个下属想我提出的问题阻碍了我的个人成长和幸福感"等。

心流采用了 Ullen、Manzano、Almeida 等人（2012）编制的量表，共 7 个题项，其中包括 1 个反向题项，由领导者自评完成，具体题项有"我做的事让我感觉非常愉快""在工作中我有一种完全控制的感觉"等。

领导纳谏采用了第三章中编制的量表，共 13 个题项，由员工评价完成，具体题项有"我的直接领导会主动征求和收集意见与建议""我的直接领导会虚心听取不同于自己主张的意见和建议，特别是批评意见和建议""我的直接领导会通过讨论各方意见，评判出合理化意见和建议""我的直接领导会将他人意见和建议付诸实践并及时反馈"等。

上级喜欢采用了 Wayne 和 Ferris（1990）编制的量表，共 4 个题项，由领导者评价出对每个下属的喜欢程度，具体题项有"我很喜欢这个下属""我和这个下属相处得很好"等。

另外，由于员工的人口统计学变量和领导的人口统计学变量可能对领导评估过程及领导纳谏产生影响（Burris，2012；Whiting et al.，2012），因而本书将员工的性别、年龄、岗位年限、受教育程度以及领导者的性别、年龄、岗位年限和受教育程度作为控制变量。

三、信度分析

为了验证量表的信度，本书采用 SPSS 19.0 软件对相关数据进行可靠性分析，其重要指标为内部一致性系数（Cronbach α 系数）。本书的信度分析结果如表 4-1 所示，分析结果表明，所有的 Cronbach α 系数均大于或等于 0.70。因而本书的各个变量具有较好的信度，能够满足研究需要。

表 4-1 量表信度分析结果（$N=174$）

变量	Cronbach α
促进性谏言	0.89
抑制性谏言	0.72
挑战性评估	0.94
阻碍性评估	0.93
心流	0.70
领导纳谏	0.91
上级喜欢	0.94

四、共同方法偏差检验与区分效度检验

（一）共同方法偏差检验

首先，为了在数据采集过程中减少共同方法偏差，本书采用领导—员工配对方式来获取研究数据；其次，本书采用 Haman 单因素检验法来进行共同方法偏差检验。检验结果表明，主成分分析提取方法下的第一个因子解释的总方差占 23.18%，小于 50%（曾颢 等，2019），因此本书的共同方法偏差在可接受范围内。

（二）区分效度检验

为了更好地验证研究模型中各个变量的区分效度，本书构建了一个七因素模型，这七个因素包括促进性谏言、抑制性谏言、挑战性评估、阻碍性评估、心流、领导纳谏和上级喜欢。验证性因子分析结果（见表4-2）表明，七因素模型的拟合效果（χ^2/df = 2.44，TLI = 0.92，CFI = 0.95，RMSEA = 0.09，SRMR = 0.08）在统计学意义上明显优于其他模型，说明本书的各研究变量之间具有较好的区分效度，为后续分析奠定了基础。

表4-2　各变量区分效度的验证性因子分析结果（$N = 174$）

模型	因子结构	χ^2/df	TLI	CFI	RMSEA	SRMR
七因素模型	PMV；PHV；CA；HA；PF；LIK；VT	2.44	0.92	0.95	0.09	0.08
六因素模型	PMV+PHV；CA；HA；PF；LIK；VT	4.08	0.83	0.87	0.13	0.13
六因素模型	PMV；PHV；CA+HA；PF；LIK；VT	4.25	0.82	0.87	0.14	0.11
五因素模型	PMV+PHV；CA+HA；PF；LIK；VT	4.98	0.77	0.83	0.15	0.13
四因素模型	PMV+PHV；CA+HA；PF+LIK；VT	6.06	0.70	0.75	0.18	0.13
四因素模型	PMV+PHV；CA+HA+PF；LIK；VT	6.35	0.70	0.75	0.18	0.13
三因素模型	PMV+PHV；CA+HA+PF+LIK；VT	9.09	0.54	0.60	0.22	0.15
二因素模型	PMV+PHV+CA+HA+PF+LIK；VT	11.16	0.42	0.49	0.24	0.16
单因素模型	PMV+PHV+CA+HA+PF+VT+LIK	13.22	0.30	0.38	0.27	0.19

注：PMV表示促进性谏言；PHV表示抑制性谏言；CA表示挑战性评估；HA表示阻碍性评估；PF表示心流；VT表示领导纳谏；LIK表示上级喜欢。

第四节　数据分析与假设检验

一、描述性统计分析

本书运用Mplus 6.11软件对人口统计学变量及各研究变量进行相关性分析，所有变量的均值、标准差及其相关系数分析结果如表4-3所示。分析结果表明，挑战性评估与促进性谏言显著正相关（$r = 0.32$，$p<0.01$），与抑制性谏言显著正相关（$r = 0.33$，$p<0.01$）；心流与挑战性评估显著正相关（$r = 0.21$，$p<0.01$），与阻碍性评估显著负相关（$r = -0.29$，$p<0.01$）；领导纳谏与心流显著正相关（$r = 0.31$，$p<0.01$）。这与本书的大部分假设相符，为接下来的假设验证过程奠定了基础。

表4-3 各变量的均值、标准差及相关系数矩阵 (N=174)

变量	STEN	SGEN	SAGE	SEDU	LTEN	LGEN	LAGE	LEDU	PMV	PHV	CA	HA	PF	VT	LIK
均值	3.90	1.59	27.62	3.07	6.22	1.28	36.28	3.28	3.90	4.17	3.80	1.97	3.94	4.59	4.05
标准差	4.06	0.49	4.87	0.69	5.96	0.45	7.37	0.64	0.52	0.33	0.73	0.80	0.38	0.38	0.76
STEN	—														
SGEN	-0.03	—													
SAGE	0.71**	-0.37**	—												
SEDU	0.05	-0.12	0.28**	—											
LTEN	0.02	-0.11	0.11	0.16*	—										
LGEN	-0.05	0.52**	-0.32**	-0.29**	-0.28**	—									
LAGE	-0.14	-0.16*	-0.05	0.33**	0.37**	-0.31**	—								
LEDU	0.39**	-0.30**	0.66**	0.43**	0.08	-0.39**	0.01	—							
PMV	0.30**	-0.05	0.32**	0.06	-0.09	0.18*	-0.04	0.10	—						
PHV	0.22**	-0.07	0.22**	-0.14	-0.06	0.15	0.22**	-0.00	0.37**	—					
CA	0.30**	-0.05	0.23**	-0.02	-0.04	-0.18*	0.29**	0.25**	0.32**	0.33**	—				
HA	-0.09	0.02	-0.06	-0.27**	-0.35**	0.38**	-0.42**	-0.10	-0.07	-0.14	-0.54**	—			
PF	0.08	0.16*	-0.09	-0.42**	-0.02	0.24**	-0.18*	-0.24**	0.09	-0.02	0.21**	-0.29**	—		
VT	-0.04	0.33**	-0.29**	-0.21**	0.22**	0.50**	-0.37**	-0.19*	0.07	-0.23**	-0.17*	0.30**	0.31**	—	
LIK	0.06	0.06	0.06	0.14	0.24**	-0.37**	0.35**	0.11	0.12	0.13	0.68**	-0.82**	0.24**	-0.25**	—

注：STEN 表示员工岗位年限；SGEN 表示员工性别；SAGE 表示员工年龄；SEDU 表示员工受教育程度；LTEN 表示领导岗位年限；LGEN 表示领导性别；LAGE 表示领导年龄；LEDU 表示领导受教育程度；PMV 表示促进性谏言；PHV 表示抑制性谏言；CA 表示挑战性评估；HA 表示阻碍性评估；PF 表示心流；VT 表示领导纳谏；LIK 表示上级喜欢。*表示 $p<0.05$；** 表示 $p<0.01$。

二、假设检验

本书运用 Mplus 6.11 软件进行假设检验。假设 H1a 至 H2b 的检验结果如表 4-4 所示。检验结果表明，促进性谏言显著正向影响挑战性评估（$b = 0.45$，$p<0.001$），因此 H1a 得到支持；促进性谏言显著负向影响阻碍性评估（$b = -0.29$，$p<0.01$），因此 H1b 得到支持；抑制性谏言显著正向影响挑战性评估（$b = 0.45$，$p<0.01$），这与 H2a 假设方向相反；抑制性谏言显著负向影响阻碍性评估（$b = -0.59$，$p<0.01$），这与 H2b 假设方向相反。

表 4-4   谏言与领导评估之间的关系检验结果（$N = 174$）

变量	挑战性评估				阻碍性评估			
	回归系数 b	标准差	回归系数 b	标准差	回归系数 b	标准差	回归系数 b	标准差
控制变量								
员工岗位年限	0.05**	0.02	0.05**	0.02	-0.05*	0.02	-0.05**	0.02
员工性别	0.22	0.11	0.20	0.12	-0.30*	0.12	-0.30*	0.12
员工年龄	-0.02	0.02	-0.01	0.02	0.04*	0.02	0.05*	0.02
员工受教育程度	-0.32***	0.08	-0.23**	0.08	-0.14	0.08	-0.24**	0.09
领导岗位年限	-0.02**	0.01	-0.02**	0.01	-0.02**	0.01	-0.03**	0.01
领导性别	-0.37**	0.13	-0.31*	0.14	0.78***	0.15	0.81***	0.14
领导年龄	0.04***	0.01	0.04***	0.01	-0.03**	0.01	-0.01	0.01
领导受教育程度	0.33**	0.10	0.31**	0.10	0.04	0.11	0.04	0.11
研究变量								
促进性谏言	0.45***	0.09			-0.29**	0.10		
抑制性谏言			0.45**	0.16			-0.59**	0.17

注：* 表示 $p<0.05$；** 表示 $p<0.01$；*** 表示 $p<0.001$。

假设 H3a、H3b 和 H5 的检验结果如表 4-5 所示。检验结果表明，挑战性评估显著正向影响心流（$b = 0.17$，$p<0.001$），因此 H3a 得到支持；阻碍性评估显著负向影响心流（$b = -0.30$，$p<0.001$），因此 H3b 得到支持；心流显著正向影响领导纳谏（$b = 0.17$，$p<0.01$），因此 H5 得到支持。

表 4-5　领导评估与心流之间关系、心流与领导纳谏之间关系的检验结果（N=174）

变量	心流				领导纳谏	
	回归系数 b	标准差	回归系数 b	标准差	回归系数 b	标准差
控制变量						
员工岗位年限	0.00①	0.01	-0.01	0.01	0.02**	0.01
员工性别	0.02	0.06	-0.03	0.05	-0.04	0.05
员工年龄	0.01	0.01	0.02	0.01	-0.04***	0.01
员工受教育程度	-0.14**	0.04	-0.24***	0.04	0.05	0.03
领导岗位年限	0.01*	0.01	0.00	0.00	0.03***	0.00
领导性别	0.12	0.07	0.29***	0.06	0.37***	0.05
领导年龄	-0.01*	0.00	-0.01**	0.00	-0.02***	0.00
领导受教育程度	-0.12*	0.06	-0.05	0.05	0.12**	0.04
研究变量						
挑战性评估	0.17***	0.04				
阻碍性评估			-0.30***	0.03		
心流					0.17**	0.05

注：* 表示 $p<0.05$；** 表示 $p<0.01$；*** 表示 $p<0.001$。

本书采用 Bootstrap（Bootstrap = 1 000）的方法进行中介效应的检验，如果中介效应值的置信区间（95%）包括 0，则说明中介效应不显著；如果其置信区间（95%）不包括 0，则说明中介效应显著。中介效应的检验结果如表 4-6 所示。对于 H4a，挑战性评估在促进性谏言与心流之间的中介效应值为 0.08，95% 显著性水平下置信区间［0.04，0.14］不包括 0，说明中介效应显著，H4a 得到支持。对于 H4b，挑战性评估在抑制性谏言与心流之间的中介效应值为 0.09，95% 显著性水平下置信区间［0.02，0.16］不包括 0，说明中介效应显著，H4b 得到支持。对于 H4c，阻碍性评估在促进性谏言与心流之间的中介效应值为 0.09，95% 显著性水平下置信区间［0.04，0.15］不包括 0，说明中介效应显著，H4c 得到支持。对于 H4d，阻碍性评估在抑制性谏言与心流之间的中介效应值为 0.20，95% 显著性水平下置信区间［0.11，0.30］不包括 0，说明中介效应显著，

---

① 本书中的 0.00 及 -0.00 表示实际数据经过四舍五入其小数点后的两位为 0，并非实际值为 0。

H4d 得到支持。对于 H6a，挑战性评估与心流在促进性谏言与领导纳谏之间存在链式中介效应，其中介效应值为 0.01，95%显著性水平下置信区间（0.00，0.03］不包括 0，说明链式中介作用成立，H6a 得到支持。对于 H6b，挑战性评估与心流在抑制性谏言与领导纳谏之间存在链式中介效应，其中介效应值为 0.01，95%显著性水平下置信区间（0.00，0.03］不包括 0，说明链式中介作用成立，H6b 得到支持。对于 H6c，阻碍性评估与心流在促进性谏言与领导纳谏之间存在链式中介效应，其中介效应值为 0.04，95%显著性水平下置信区间［0.02，0.07］不包括 0，说明链式中介作用成立，H6c 得到支持。对于 H6d，阻碍性评估与心流在抑制性谏言与领导纳谏之间存在链式中介效应，其中介效应值为 0.09，95%显著性水平下置信区间［0.04，0.16］不包括 0，说明链式中介作用成立，H6d 得到支持。

表 4-6　中介效应检验结果（$N = 174$）

中介效应	效应值	95%置信区间下限	95%置信区间上限
促进性谏言→挑战性评估→心流	0.08	0.04	0.14
促进性谏言→阻碍性评估→心流	0.09	0.04	0.15
抑制性谏言→挑战性评估→心流	0.09	0.02	0.16
抑制性谏言→阻碍性评估→心流	0.20	0.11	0.30
促进性谏言→挑战性评估→心流→领导纳谏	0.01	0.00	0.03
促进性谏言→阻碍性评估→心流→领导纳谏	0.04	0.02	0.07
抑制性谏言→挑战性评估→心流→领导纳谏	0.01	0.00	0.03
抑制性谏言→阻碍性评估→心流→领导纳谏	0.09	0.04	0.16

本书采用调节路径分析法（Edwards et al., 2007）和 Bootstrap（Bootstrap = 1 000）进行调节效应的检验。假设 H7a 至 H7d 的检验结果如表 4-7 所示。检验结果表明，对于 H7a，促进性谏言与上级喜欢的交互项显著正向影响挑战性评估〔$b = 0.22$，$p < 0.05$，95%显著性水平下置信区间（0.00，0.41］不包括 0〕，且简单斜率检验表明，在低上级喜欢情况下，促进性谏言与挑战性评估之间微弱负相关且不显著（$b = -0.02$，95%显著

性水平下置信区间〔-0.17, 0.19〕包括0）；在高上级喜欢情况下，促进性谏言与挑战性评估之间显著正相关（$b = 0.32$，95%显著性水平下置信区间〔0.08, 0.57〕不包括0）；高低组差异显著〔$b = 0.34$，95%显著性水平下置信区间（0.00, 0.62〕不包括0〕，因此H7a得到支持。对于H7b，促进性谏言与上级喜欢的交互项显著负向影响阻碍性评估〔$b = -0.20$，$p<0.05$，95%显著性水平下置信区间〔-0.34, -0.00）不包括0〕，且简单斜率检验表明，在低上级喜欢情况下，促进性谏言与阻碍性评估之间正相关但不显著（$b = 0.20$，95%显著性水平下置信区间〔-0.04, 0.38〕包括0）；在高上级喜欢情况下，促进性谏言与阻碍性评估之间负相关但不显著（$b = -0.10$，95%显著性水平下置信区间〔-0.27, 0.06〕包括0）；但是高低组之间的差异显著（$b = -0.30$，95%显著性水平下置信区间〔-0.52, -0.01〕不包括0），因此H7b得到支持。对于H7c，抑制性谏言与上级喜欢的交互项显著正向影响挑战性评估（$b = 0.48$，$p<0.01$，95%显著性水平下置信区间〔0.17, 0.78〕不包括0），且简单斜率检验表明，在低上级喜欢情况下，抑制性谏言与挑战性评估之间负相关但不显著（$b = -0.30$，95%显著性水平下置信区间〔-0.66, 0.03〕包括0）；在高上级喜欢情况下，抑制性谏言与挑战性评估之间显著正相关（$b = 0.43$，95%显著性水平下置信区间〔0.10, 0.77〕不包括0）；高低组之间的差异显著（$b = 0.73$，95%显著性水平下置信区间〔0.26, 1.19〕不包括0），尽管调节效应显著，但与H7c假设不符。对于H7d，抑制性谏言与上级喜欢的交互项显著负向影响阻碍性评估（$b = -0.52$，$p<0.01$，95%显著性水平下置信区间〔-0.90, -0.14〕不包括0），且简单斜率检验表明，在低上级喜欢情况下，抑制性谏言与阻碍性评估之间正相关但不显著（$b = 0.23$，95%显著性水平下置信区间〔-0.14, 0.53〕包括0）；在高上级喜欢情况下，抑制性谏言与阻碍性评估之间显著负相关（$b = -0.56$，95%显著性水平下置信区间〔-0.99, -0.16〕不包括0）；高低组差异显著（$b = -0.80$，95%显著性水平下置信区间〔-1.37, -0.21〕不包括0），尽管调节效应显著，但与H7d假设不符。

表 4-7 上级喜欢的调节作用检验 (N=174)

变量	挑战性评估				阻碍性评估			
	回归系数 b	95%置信区间	回归系数 b	95%置信区间	回归系数 b	95%置信区间	回归系数 b	95%置信区间
控制变量								
员工岗位年限	0.03*	[0.01, 0.06]	0.05**	[0.03, 0.08]	-0.03*	[-0.06, -0.01]	-0.05***	[-0.07, -0.03]
员工性别	-0.13	[-0.30, 0.08]	-0.17	[-0.34, 0.01]	0.12	[-0.10, 0.34]	0.11	[-0.10, 0.31]
员工年龄	0.001	[-0.03, 0.03]	-0.00	[-0.03, 0.03]	0.02	[-0.01, 0.06]	0.04*	[0.01, 0.07]
员工受教育程度	-0.30***	[-0.40, -0.17]	-0.22***	[-0.34, -0.10]	-0.18***	[-0.28, -0.08]	-0.25***	[-0.36, -0.16]
领导岗位年限	-0.03***	[-0.04, -0.02]	-0.03***	[-0.04, -0.02]	-0.02*	[-0.03, -0.00)	-0.02*	[-0.04, -0.01]
领导性别	0.29**	[0.09, 0.48]	0.41***	[0.18, 0.63]	0.01	[-0.21, 0.26]	0.02	[-0.22, 0.25]
领导年龄	0.03***	[0.02, 0.05]	0.03***	[0.01, 0.04]	-0.01	[-0.02, 0.00]	-0.00	[-0.01, 0.01]
领导受教育程度	0.24***	[0.15, 0.42]	0.29***	[0.11, 0.37]	0.09	[-0.06, 0.24]	0.12	[-0.04, 0.28]
研究变量								
促进性谏言	0.15*	[0.01, 0.30]			0.05	[-0.08, 0.18]		
抑制性谏言			0.07	[-0.21, 0.28]			-0.17	[-0.41, 0.05]
上级喜欢	0.66***	[0.56, 0.78]	0.71***	[0.61, 0.83]	-0.79***	[-0.89, -0.66]	-0.78***	[-0.88, -0.67]
促进性谏言×上级喜欢	0.22*	(0.00, 0.41]			-0.20*	[-0.34, -0.00]		
抑制性谏言×上级喜欢			0.48**	[0.17, 0.78]			-0.52**	[-0.90, -0.14]

注: * 表示 $p<0.05$; ** 表示 $p<0.01$; *** 表示 $p<0.001$。

被调节的中介效应检验结果如表4-8所示。对于H8a，检验结果表明在低上级喜欢情况下，挑战性评估在促进性谏言与心流之间的中介作用不显著（$b = -0.00$，95%显著性水平下置信区间 [-0.03，0.04] 包括0）；在高上级喜欢情况下，挑战性评估在促进性谏言与心流之间的中介作用显著（$b = 0.06$，95%显著性水平下置信区间 [0.01，0.12] 不包括0）；高低组之间差异显著〔$b = 0.06$，95%显著性水平下置信区间 (0.00，0.13] 不包括0〕，因此H8a得到支持。对于H8b，检验结果表明在低上级喜欢情况下，挑战性评估在抑制性谏言与心流之间的中介作用不显著（$b = -0.06$，95%显著性水平下置信区间 [-0.14，0.01] 包括0）；在高上级喜欢情况下，挑战性评估在抑制性谏言与心流之间的中介作用显著（$b = 0.09$，95%显著性水平下置信区间 [0.02，0.17] 不包括0）；高低组之间差异显著（$b = 0.15$，95%显著性水平下置信区间 [0.05，0.27] 不包括0），尽管间接效应显著，但与H8b假设不符。对于H8c，检验结果表明在低上级喜欢情况下，阻碍性评估在促进性谏言与心流之间的中介作用不显著（$b = -0.06$，95%显著性水平下置信区间 [-0.12，0.01] 包括0）；在高上级喜欢情况下，阻碍性评估在促进性谏言与心流之间的中介作用不显著（$b = 0.03$，95%显著性水平下置信区间 [-0.02，0.09] 包括0）；但高低组的差异显著〔$b = 0.09$，95%显著性水平下置信区间 (0.00，0.17] 不包括0〕，因此H8c得到支持。对于H8d，检验结果表明在低上级喜欢情况下，阻碍性评估在抑制性谏言与心流之间的中介作用不显著（$b = -0.08$，95%显著性水平下置信区间 [-0.19，0.04] 包括0）；在高上级喜欢情况下，阻碍性评估在抑制性谏言与心流之间的中介作用显著（$b = 0.19$，95%显著性水平下置信区间 [0.05，0.37] 不包括0）；高低组之间的差异显著（$b = 0.27$，95%显著性水平下置信区间 [0.07，0.49] 不包括0），尽管间接效应显著，但与H8d假设不符。

表4-8 被调节的中介效应检验结果（$N = 174$）

调节变量：上级喜欢				
挑战性评估在促进性谏言 与心流之间的中介作用	效应值	标准差	95%置信 区间下限	95%置信 区间上限
低上级喜欢	-0.00	0.02	-0.03	0.04
高上级喜欢	0.06	0.03	0.01	0.12
差异	0.06	0.03	0.00	0.13

表4-8(续)

调节变量：上级喜欢				
挑战性评估在抑制性谏言与心流之间的中介作用	效应值	标准差	95%置信区间下限	95%置信区间上限
低上级喜欢	-0.06	0.04	-0.14	0.01
高上级喜欢	0.09	0.04	0.02	0.17
差异	0.15	0.06	0.05	0.27
阻碍性评估在促进性谏言与心流之间的中介作用	效应值	标准差	95%置信区间下限	95%置信区间上限
低上级喜欢	-0.06	0.03	-0.12	0.01
高上级喜欢	0.03	0.03	-0.02	0.09
差异	0.09	0.04	0.00	0.17
阻碍性评估在抑制性谏言与心流之间的中介作用	效应值	标准差	95%置信区间下限	95%置信区间上限
低上级喜欢	-0.08	0.06	-0.19	0.04
高上级喜欢	0.19	0.08	0.05	0.37
差异	0.27	0.11	0.07	0.49

为了更好地刻画上级喜欢对促进性谏言/抑制性谏言与挑战性评估/阻碍性评估之间关系的调节作用，本书构建了上级喜欢的调节效应图（见图4-3至图4-6）。为了避免共线性问题，对自变量和调节变量做了中心化处理，然后进行简单回归，图4-3至图4-6中的高和低分别代表加一个标准差和减一个标准差。

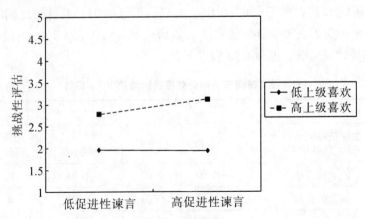

图4-3　上级喜欢对促进性谏言与挑战性评估之间关系的调节效应

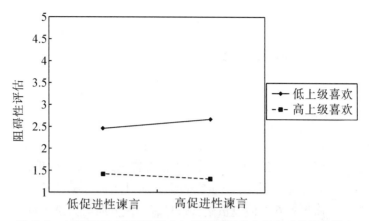

图 4-4　上级喜欢对促进性谏言与阻碍性评估之间关系的调节效应

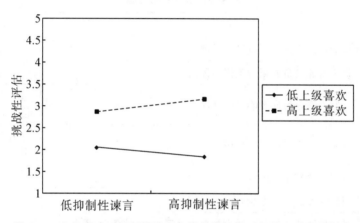

图 4-5　上级喜欢对抑制性谏言与挑战性评估之间关系的调节效应

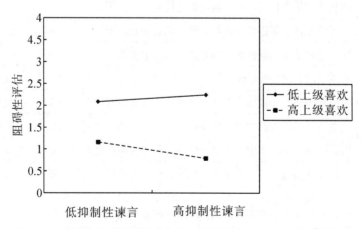

图 4-6　上级喜欢对抑制性谏言与阻碍性评估之间关系的调节效应

第五节 研究结论与讨论

一、研究结论

基于认知评价理论，本章构建了员工谏言与领导纳谏之间的关系模型，通过对 90 名领导者和 174 名员工的配对数据进行实证分析，研究结论如表 4-9 所示。本章共计 23 个研究假设，通过实证数据检验，其中有 17 个得到支持，而另外 6 个假设虽然系数显著，但方向与假设不符。

表 4-9 研究结论汇总

假设	假设具体内容	检验结果
H1a	促进性谏言正向影响挑战性评估	支持
H1b	促进性谏言负向影响阻碍性评估	支持
H2a	抑制性谏言负向影响挑战性评估	关系显著，但方向相反
H2b	抑制性谏言正向影响阻碍性评估	关系显著，但方向相反
H3a	挑战性评估正向影响心流	支持
H3b	阻碍性评估负向影响心流	支持
H4a	挑战性评估在促进性谏言与心流之间起中介作用	支持
H4b	挑战性评估在抑制性谏言与心流之间起中介作用	支持
H4c	阻碍性评估在促进性谏言与心流之间起中介作用	支持
H4d	阻碍性评估在抑制性谏言与心流之间起中介作用	支持
H5	心流正向影响领导纳谏	支持
H6a	挑战性评估与心流中介了促进性谏言与领导纳谏之间的关系	支持
H6b	挑战性评估与心流中介了抑制性谏言与领导纳谏之间的关系	支持
H6c	阻碍性评估与心流中介了促进性谏言与领导纳谏之间的关系	支持
H6d	阻碍性评估与心流中介了抑制性谏言与领导纳谏之间的关系	支持
H7a	上级喜欢将调节促进性谏言与挑战性评估之间的关系，即领导者对员工的喜欢程度越高，促进性谏言与挑战性评估之间的正向关系越强	支持

表4-9(续)

假设	假设具体内容	检验结果
H7b	上级喜欢将调节促进性谏言与阻碍性评估之间的关系,即领导者对员工的喜欢程度越高,促进性谏言与阻碍性评估之间的负向关系越强	支持
H7c	上级喜欢将调节抑制性谏言与挑战性评估之间的关系,即领导者对员工的喜欢程度越高,抑制性谏言与挑战性评估之间的负向关系越弱	调节效应显著,但方向与假设不符
H7d	上级喜欢将调节抑制性谏言与阻碍性评估之间的关系,即领导者对员工的喜欢程度越高,抑制性谏言与阻碍性评估之间的正向关系越弱	调节效应显著,但方向与假设不符
H8a	上级喜欢将调节挑战性评估在促进性谏言与心流之间的中介作用,即领导者对员工的喜欢程度越高,挑战性评估的中介作用越强	支持
H8b	上级喜欢将调节挑战性评估在抑制性谏言与心流之间的中介作用,即领导者对员工的喜欢程度越高,挑战性评估的中介作用越弱	间接效应显著,但方向与假设不符
H8c	上级喜欢将调节阻碍性评估在促进性谏言与心流之间的中介作用,即领导者对员工的喜欢程度越高,阻碍性评估的中介作用越强	支持
H8d	上级喜欢将调节阻碍性评估在抑制性谏言与心流之间的中介作用,即领导者对员工的喜欢程度越高,阻碍性评估的中介作用越弱	间接效应显著,但方向与假设不符

二、讨论

在经济快速发展、外部环境瞬息万变的今天,企业要想生存和发展,就必须顺应形势不断调整和变革,在此过程中,员工的力量不容小觑。员工谏言是员工在工作中表现出来的一种主动性行为,它是员工就工作有关问题自愿表达旨在改善组织或单位运作的想法、建议或意见(Morrison,2011)。员工谏言有着诸多好处,如提高决策质量、帮助管理者发现和识别问题、改善工作程序、促进工作创新等(Lam et al.,2019),尽管员工谏言给企业带来的好处不胜枚举,但现实中总是存在领导者不愿意纳谏的情况。鉴于这种现象的存在,本书基于认知评价理论探讨了员工谏言与领导纳谏之间的关系,其中包括领导者评估(挑战性评估和阻碍性评估)和心流的中介作用以及上级喜欢的调节作用。

研究结果表明，无论是促进性谏言还是抑制性谏言，都与挑战性评估正相关而与阻碍性评估负相关。虽然这与部分原始假设不符，但这样的关系存在也有其道理和逻辑，这是因为无论是促进性谏言还是抑制性谏言，其目的都是提高组织效率和效能，促进性谏言是为了让现有程序更优化、更能适应环境变化，抑制性谏言则是发现问题、防止企业产生重大损失，这都是对企业有利的行为（Liang et al.，2012），都可以帮助领导者更好地实现自己的管理角色。在高度动荡的外部环境下，领导者仅凭一己之力很难做好管理工作、实现管理绩效，还需要员工的大力配合和支持，员工谏言其实就是一种很好的支持领导者的形式。抑制性谏言的目的在于发现和解决问题，这本身也有利于提高管理效能、促进领导者学习、提高组织的创新力和环境适应力（Harteis et al.，2008），因而不会导致领导者的阻碍性评估。

第五章 研究意义与未来展望

在过去几十年间，员工谏言的研究取得了很大进展。现有文献关于谏言的研究主要将谏言行为作为焦点结果，研究内容集中在以下几个方面：一是员工谏言的概念内涵及维度测量；二是员工谏言的影响因素，主要包括员工的个性特征、领导的个性特征及领导风格、组织环境因素等；三是员工谏言的结果，主要是谏言的建设性（积极结果）以及谏言的挑战性和风险性（消极结果）。尽管关于员工谏言的研究非常丰富，但这些研究都存在一个共同的特征，就是基本都以员工作为研究中心，谏言的结果研究也更多侧重于探讨员工谏言会给员工绩效及其心理感知带来何种影响。尽管大量文献表明，员工谏言对企业的生存和发展有着举足轻重的作用，但它们都忽略了这样一个事实，即如果领导者不采纳员工谏言，那么其重要作用将无处发挥，因此领导纳谏对企业生存和发展的重要影响可见一斑。近些年来，学者们开始逐渐关注这一问题并进行了相关研究，但对于领导纳谏概念内涵的理解以及领导者何时及为何纳谏的机制研究却远远不够。本书基于这一重要研究问题提出了自己的思考，在前人研究的基础上对领导纳谏的概念进行了清晰界定，认为领导纳谏实际上是领导者对谏言的求、听、评、纳的认知评估过程，进而在此基础上通过定性和定量相结合的研究方法开发了领导纳谏的测量量表，并基于认知评价理论构建了员工谏言与领导纳谏关系的研究模型，深入探讨了领导纳谏的心理机制和边界条件，研究结果具有较为重要的理论意义和实践启示。

一、理论意义

（一）以领导者为中心研究纳谏

现有研究更多关注沟通行为中的员工主体，考察员工谏言行为的影响因素、员工谏言行为的结果，对员工沟通行为的接收主体——领导者却缺乏足够的关注。以领导者为中心意味着从方法到理论的焦点不再是员工，而是领导者，尽管领导纳谏和员工谏言相辅相成，但领导纳谏不再依附于员工谏言而存在，而是作为研究的核心变量。例如，不再研究究竟什么因素会导致员工谏言或员工沉默，而是研究什么因素会导致领导纳谏或什么因素导致领导不纳谏，研究领导纳谏的产生机制及其所引起的后果等。尽管现有西方研究也提出了一些相关变量，如管理者谏言咨询、谏言认可、谏言执行等，但这些变量都有其侧重点，并不能完全反映出领导纳谏的内涵。另外，一些关于领导者对谏言反应的定义则过于宽泛，包括认知、情感、行为等多方面内涵，同时还包含积极反应和消极反应两个方面，因此很难在研究中进行实证操作。

前述文献综述表明，现有研究对领导纳谏并没有统一的定义，本书在前人研究基础上提出领导纳谏这一新构念，将领导纳谏作为一个独立变量和中心变量，整合现有文献中有关纳谏的研究内容，选取认知评价理论视角对领导纳谏的概念内涵进行了清晰界定，认为领导纳谏是领导者对员工谏言的认知评价过程，并据此编制了适合中国文化情境的测量量表。

未来实证研究需要更进一步考虑，作为独立变量的领导纳谏受什么因素影响以及领导纳谏会给员工、领导者甚至企业、组织带来什么影响结果。尽管本书为探索领导纳谏做出了较大努力，但领导纳谏的研究方兴未艾，需要持续并深入地研究。本书认为，领导纳谏是一个包含"求、听、评、纳"的动态认知过程，是对以往研究的融合与延伸，既融合了以往学者对纳谏的相关认知，又拓展了其概念内涵。本书关于领导纳谏行为主要内涵和内容结构的探索性研究，不仅能够为后续研究打下良好基础，同时也是对员工谏言研究的一种创新和拓展。

(二) 从压力的视角探讨员工谏言

从员工谏言的定义以及以员工为中心的视角来看，它是一种员工自愿从事的、有利于企业或组织的积极行为，从这种性质上来看，员工谏言应该受到领导者的欢迎、鼓励和奖励，但事实上，员工谏言并不总是能够得到领导者的欢迎和认可（Whiting et al.，2012）。

现有大多数研究以谏言行为作为焦点结果，其中暗含着这样一个假设，即只要最终能够让员工说出他们的想法，那么管理者就能够从中挑选出最佳的想法，并发起适当且必要的变革。然而，很多想法在管理者的注意力和资源上存在竞争关系，也就是说不同员工的想法可能需要同样的领导者注意力和资源，但领导者的注意力和资源是有限的（Sharek et al.，2010），因此从领导者的角度来说，员工谏言对领导者来说也是一种外部刺激，这种刺激是一种压力。员工谏言旨在改善组织现状，是员工对现状的一种挑战，不管员工提出的建议是提高组织整体运作水平还是提出对组织有害的因素，领导者都需要花费大量的时间和精力来与员工进行沟通与交流，对员工谏言进行甄选、思考和评价。同时，领导纳谏也是领导者对现状的一种挑战，如果员工谏言最后被认为可行，在执行过程中同样也需要足够多的人力、物力、财力以及领导者的其他个人资源来确保变革能够成功顺利地进行。这些资源的消耗会给领导者带来一定的压力，如果领导者认为自己有能力处理这种压力，在应对员工谏言压力的过程中能够提升自己的能力，实现自我成长和个人目标，那么就会做出挑战性评估；而如果领导者认为自己的能力不足以处理这种压力，员工谏言会阻碍其个人目标的实现，对自己造成一定威胁，那么就可能做出阻碍性评估（Lazarus et al.，1984）。

现有文献更多地从员工视角和积极角度探讨员工谏言，忽视了领导者在员工谏言中的认知和感受。本书从领导者中心出发，认为员工谏言是对领导者的一种压力，从压力视角探索员工谏言与领导纳谏之间的关系，为员工谏言和领导纳谏的相关研究开拓了新的视角，丰富了目前员工谏言与领导纳谏的理论和相关研究，为后续研究奠定了一定的理论基础。

（三）基于认知评价理论探讨领导纳谏的心理过程

正如前文所述，员工谏言有时会被领导者采纳，而有时会导致领导者厌恶，根据认知评价理论，这取决于领导者对谏言的认知评估。大约两千年前，罗马的一个著名哲学家 Epictetus 说过这样一句话"人不为事物所扰，而是为他们对事物的看法所扰"。莎士比亚在《哈姆雷特》中也表达了同样的观点，即"世界上的东西没有好坏之分，但思想使之有区分"。认知评价理论表明，人们无时无刻不在对身边发生的事件进行评估，当事件被认为有利于成长以及目标实现时，个体会做出挑战性评估；而当事件被认为会阻碍个人幸福感和目标实现时，个体则会做出阻碍性评估（Lazarus，1991）。从领导者角度看，员工谏言是一种压力，因而领导者是否纳谏取决于其对谏言做出何种评估。事实上，以往研究对员工谏言与领导纳谏之间关系的结论并不统一，有的认为员工谏言会得到领导者的积极反应或反馈（Whiting et al.，2008），有的认为员工谏言会得到领导者的消极反应或反馈（Seibert et al., 2001；Chiaburu et al., 2013），有的认为领导者对谏言的反应取决于谏言的谏言类型（Burris, 2012）。但本书的研究结果表明，领导者对谏言的反应还可能取决于领导者对谏言的评估，当谏言被做出挑战性评估时，就会引发领导者的心流体验，进而引发领导纳谏。一些早期研究也涉及评估的相关问题，他们指出，员工通常会"审时度势"并根据组织规范、管理者表达的倾听意愿、组织支持或与谏言接收者的关系质量来评估谏言情境的有利性（Ashford et al., 1998），然而这方面的研究侧重于员工对于管理者对他们的谏言作何反应的感知。Burris（2012）也指出，员工的评估可能并不总是准确的，因此从领导者的角度来直接表明领导者何时更可能采纳员工谏言则显得尤为重要。本书基于领导者视角探讨了领导者评估在谏言与纳谏之间的中介作用，突出了领导者在纳谏过程中的重要作用，弥补了这一理论缺陷。

另外，由于员工谏言与领导纳谏的研究涉及诸多学科，如沟通学、管理学、社会学和心理学等，而现有文献更多从沟通学和管理学的理论视角出发（如说服理论），探讨谏言员工的专业性、可靠性、提供方案等因素对领导纳谏的重要影响，而事实上，来自其他理论视角的因素也会对领导纳谏产生重要影响。正如前文所述，领导者的注意力和资源是有限的，并不是所有专业性强、可靠性高或提供方案的建议都会被领导者采纳执行。由于谏言会消耗领导者资源，对领导者来说可能是一种压力，因此认知评价理论可以为员工谏言与领导纳谏之间的关系提供很好的理论支撑。本书基于认知评价理论从心理学、管理学和沟通学等多个角度探讨了领导纳谏的心理过程，拓展了员工谏言与领导纳谏之间关系的理论基础，也为我们理解领导纳谏的影响因素开拓了新的视角。

（四）基于认知评价理论探讨上级喜欢的调节作用

根据认知评价理论，员工谏言与领导纳谏作为员工与领导者之间的一种信息互动，该过程势必会受到员工与领导者互动关系因素的影响。领导者对员工的喜欢则是影响领导者评估过程的重要因素（Whiting et al., 2012）。本书的研究结果突出了领导者喜欢员工对员工谏言与领导者评估之间关系的重要作用。本书发现，不管是促进性谏言还是抑制性谏言，其本身并不会使领导者做出阻碍性评估，而是更多使领导者做出挑战性评估，但是领导者对员工的喜欢程度可以改变两者之间的关系。尽管促进性谏言和抑制性谏言均会使领导者做出挑战性评估，但是当领导者不喜欢该员工时，促进性谏言与挑战性评估之间呈微弱负相关，与阻碍性评估之间呈弱正相关；而抑制性谏言则与挑战性评估之间呈弱负相关，与阻碍性评估之间呈弱正相关，这说明领导者对谏言的评估在较大程度上受到对该员工喜欢程度的影响。事实上，尽管现有文献逐渐对员工谏言与领导纳谏之间的关系加以关注，但这些文献更多关注两者关系的中介机制，例如Burris（2012）就发现，忠诚和威胁在支持性谏言/挑战性谏言与谏言认可/绩效评价之间的中介作用，较少研究关注影响两者关系的边界条件。尽管一些关于建议采纳的文献关注了上级喜欢对建议采纳的直接影响（Feng et al.，2010；MacGeorge et al.，2016），但鲜有研究考虑领导者对员工的喜欢在领导者对员工谏言评估过程中的重要作用。

另外，早期的员工谏言与领导纳谏相关研究采用的关系变量为领导—成员交换关系，而现有研究更多探讨领导—成员交换关系可能对谏言与纳谏之间的关系产生何种影响（韩翼 等，2020）。但从定义和测量题项内容来看，领导—成员交换关系更多反映的是工作场所中领导者与下属成员之间的工作关系，往往从两者的地位平等角度出发，它可能并不能完全贴切地描述中国情境下的关系（郭晓薇，2011）。上级喜欢也反映出领导者与员工之间的关系，但是这种关系更多是基于领导者与员工之间的相似性（如个人特征相似或行为相似等）或者价值观的一致性而形成的（MacGeorge et al.，2016），与领导—成员交换关系有着本质区别。本书基于认知评价理论探讨了上级喜欢在领导评估过程中的调节作用，进一步揭示了员工谏言对领导纳谏的影响机制，丰富了认知评价理论的内涵，也拓展了员工谏言与领导纳谏的相关研究结论。

二、实践启示

本书的研究结论具有以下实践启示：

第一，纳谏对组织和组织成员有益，因此在实际工作中管理者要注重纳谏。研究结果表明，领导纳谏是"求、听、评、纳"的认知评估过程，因此管理者们要同时注重这四个方面的提升。对于"求"，管理者要摆正自己的心态，正所谓"三人行必有我师"，向下属征求意见并不会让人觉得无能，反而能够树立自己求贤若渴、虚心学习的形象。另外，在日常管理中管理者要注重营造谏言氛围，鼓励下属进谏。对于"听"，一个好的管理者首先是一个好的倾听者，他们乐于并善于听取各方面的意见和建议，甚至是批评或反面意见。在与下属交流的过程中管理者要保持微笑并充满耐心，让下属放下戒备之心而放心说出内心想法，而且要适当给予回应。对于"评"，对谏言做出评判的过程一定要公平公正，可以通过与他人讨论的方式进行，切不可随意贬低或批评他人的意见或建议。对于"纳"，它绝不仅是简单的接受，还需要管理者付诸实践，最好还能够总结经验教训并及时反馈，这样有利于提高后续谏言的质量。另外，管理者还要有接纳新事物的勇气和能力，这样才能跟上时代步伐，适应快速变化的内外部环境。

第二，研究结果表明，促进性谏言和抑制性谏言均会使领导者做出挑战性评估而不会使领导者做出阻碍性评估，说明在高度变化的外部环境情况下，大部分领导者对员工谏言都持有开放和鼓励的态度，因此员工们可以大胆进谏。尽管本书的研究结果表明，无论是促进性谏言还是抑制性谏言，其对挑战性评估的直接影响均是正向的；但当促进性谏言与抑制性谏言共同对挑战性评估进行回归时，却出现了促进性谏言会抑制抑制性谏言对挑战性评估的正向影响，使得抑制性谏言对挑战性评估的影响不再显著，这也从侧面反映了一个问题，就是相比于抑制性谏言，领导者更喜欢促进性谏言。Whiting 等人（2012）的研究也表明，谏言的属性框架（积极 VS. 消极）会影响领导者对谏言的建设性感知，积极的属性框架能够获得更多的建设性感知。因此，员工向领导谏言的时候，可以构建谏言的积极属性框架，以促进性的方式谏言，这会使得领导者感知到更多的支持以及员工的忠诚（Burris，2012），进而引发更多的纳谏行为。

第三，在领导者处于积极状态时谏言更能得到采纳。研究结果表明，心流显著正向影响领导纳谏，因此员工谏言时应该看准时机，抓住机遇。我们通过对武汉市两家企业的员工和领导的访谈发现，领导者的情绪在领导纳谏的过程中起着非常重要的作用，同时现有文献也表明，情绪会影响领导者的认知和判断，积极情绪状态下的领导者更容易接纳他人的建议（段锦云 等，2014）。因此，员工在想要谏言时可以评估一下领导者当时的情绪，再决定是否谏言，以减少谏言风险。另外，对于领导者而言，情绪会影响自己的认知和判断，因此在工作中应该更好地管理情绪，在员工面前尽量保持积极的情绪和状态，以免因错过员工谏言而错失发展良机。

第四，鉴于领导者对员工的喜欢程度对领导评估过程的重要影响，员工影响领导者最有效的方法是与领导者建立高质量的社会交换关系。一方面，员工在谏言时可以评估一下自己与领导者之间的关系，再决定谏言的内容以及是否谏言，以免谏言给自己带来消极结果；另一方面，在日常的工作中，员工要善于经营与领导者的关系，提升与领导者的社会交换关系。另外，对于领导者来说，对员工的喜欢程度会影响自己的认知和判断，因此在工作中面对员工谏言时要理性对待，谨慎评估，不要因为自己的情感喜好而忽略有用信息。

三、研究局限与未来展望

本书存在以下研究局限：第一，在领导纳谏的量表开发中进行效标效度检验时采用的是横截面数据，这在一定程度上会造成共同方法偏差，在后续研究中可以采用领导—员工的配对数据或者进行纵向研究来减少共同方法偏差。第二，由于笔者能力和资源的有限性以及领导—员工配对数据收集的难度，本书的研究样本有限，在第四章的实证研究中，仅有174位员工样本，这些员工由90位领导者管理，考虑到研究模型的复杂性，样本数量较少可能使得研究结论的稳定性受到一定影响。第三，在第四章的实证研究中，尽管本书采用了领导—员工配对数据，但中介变量——挑战性评估/阻碍性评估和心流均由领导者在同一时间评价，可能存在共同方法偏差问题，未来研究可以在领导—员工配对的基础上再采用不同时间点进行测量的方法，以减少共同方法偏差。第四，第四章的实证研究采用了问卷调查法来获取数据，尽管问卷调查法能够较好地说明变量之间的相关关系，但是一般难以反映出变量之间的因果关系，因此在未来研究中可以引入其他研究方法，例如实验法、案例研究、纵向研究设计等方法，使得研究结论更丰富、更稳定。

由于领导纳谏的研究尚处于起步阶段，未来研究具有较大发展空间，未来的研究方向可以尝试从以下几个方面进行：第一，探索领导纳谏的其他影响因素。正如前文所述，领导者有时会纳谏而有时却会拒绝纳谏，甚至厌恶谏言或惩罚谏言者，这其中的原因多种多样。例如，华为总裁任正非曾批复建议辞退写"万言书"的北京大学毕业生新员工的新闻在网络热传，而另一则关于华为用人方面的新闻——"华为员工说真话被连升两级"，同样受到网络热议。从某种程度上来说，在同一个企业中，两个不同的人做着类似的事情（谏言），但是结局却完全相反，一个被建议辞退（惩罚），一个被连升两级（奖励）。这引发我们的思考：员工在什么阶段提什么样的意见或建议更能够获得领导青睐，也就是说，员工提出的意见或建议应该与自己所处的地位以及职业发展阶段相匹配，这是未来研究值得探讨的一个问题。另外，本书基于认知评价理论探讨了挑战性评估、阻碍性评估和心流在员工谏言与领导纳谏之间的中介作用，揭示了领导纳谏的心理过程。但事实上，人的内心是非常复杂的，谏言与纳谏之间的心理机制也远没有这么简单，本书的研究只是冰山一角，未来研究可以从其他理论视角来探索领导纳谏的其他心理因素。例如，从动机社会认知视角分析不同的领导者心理认知动机对领导纳谏的影响机制，如认知动机、存在动机和意识形态动机等对领导纳谏的影响。

第二，探索领导纳谏的影响结果。尽管员工谏言对组织生存和发展至关重要，能够从员工那里获得充分信息是一个组织最宝贵的财富（梁建，2014；许黎明 等，2018），但是如果管理者采纳了员工提供的错误信息或不符合组织发展实际情况的信息，那么可能给组织带来不可估量的伤害或损失。现有文献对领导纳谏结果的探讨非常不足，仅有的少量研究主要聚焦于领导纳谏的积极结果，包括有助于提高决策准确性（Yaniv，2004；Yaniv et al.，2012）、能够增强员工的地位感知（Janssen et al.，2015）或工作场所影响力感知（Tangirala et al.，2012）、提高员工谏言的自我效能感（王凯 等，2018）以及促进员工未来谏言等（Fast et al.，2014）。这些研究依然更多站在员工视角，探讨纳谏对员工的积极影响，但是正如前文所说，纳谏也存在相当大的风险。未来研究可以从领导者视角出发，探讨领导纳谏可能会给领导者带来何种影响，如管理绩效等。

第三，探索领导纳谏的边界条件。正如前文所述，员工谏言与领导纳谏之间的关系较为复杂，影响两者关系的因素较为丰富，因此未来研究探讨领导者何时会纳谏具有相当大的理论和实践意义。目前，现有研究对员工谏言与领导纳谏之间的关系并没有统一结论，有的研究认为员工谏言能够让管理者感知到其中的建设性进而认可谏言（易洋 等，2015），有的研究认为员工谏言可能会威胁到管理者的自我价值进而减少纳谏（Burris，2012）。这些研究大多从谏言有用性或威胁性视角来进行探讨，但正如上文所述，员工谏言需要领导者付出各种资源来加以应对，它会消耗领导资源，对领导者来说也可能是一种压力，因此如果领导者拥有的资源越丰富，那么他们也能越好地应对员工谏言。这些资源不仅包括自尊、自我效能感等个人特征资源，也包括管理者对组织资源的使用权限、管理者参与决策制定的程度等（McClean et al.，2013）。因此，未来研究可以从资源视角来探索谏言与纳谏之间的关系。另外，领导者自身的人格特质、外部环境特征等因素也可能对两者之间的关系产生重要影响。

参考文献

卜楠，杜秀芳，2015. 社会认知复杂性对个体建议采纳的影响：人际信任的中介效应 [J]. 应用心理学，21 (4)：378-384.

曾颢，赵李晶，赵曙明，2019. 指导关系对徒弟主动性行为的影响机制研究：工作繁荣和学习目标导向的作用 [J]. 预测，38 (4)：10-16.

陈芳丽，未蕾蕾，郑文智，2016. 领导是如何纳谏的：领导动机归因与主管—下属关系的影响 [J]. 企业经济 (1)：107-111.

陈龙，刘宝巍，张莉，等，2018. 谦逊型领导对建言行为的影响：一个被调节的中介模型 [J]. 科学学与科学技术管理，39 (7)：117-132.

邓今朝，黄中梅，余绍忠，2015. 员工建言行为与团队绩效的关系：成员目标取向的作用 [J]. 软科学，29 (6)：81-85.

邓今朝，喻梦琴，丁栩平，2018. 员工建言行为对团队创造力的作用机制 [J]. 科研管理，39 (12)：171-178.

杜旌，穆慧娜，冉曼曼，2014. 员工建言行为：前因和中介机制研究 [J]. 武汉大学学报（哲学社会科学版），67 (6)：33-41.

段锦云，2012. 家长式领导对员工建言行为的影响：心理安全感的中介机制 [J]. 管理评论，24 (10)：109-116.

段锦云，古晓花，孙露莹，2016. 外显自尊、内隐自尊及其分离对建议采纳的影响 [J]. 心理学报，48 (4)：371-384.

段锦云，凌斌，2011. 中国背景下员工建言行为结构及中庸思维对其的影响 [J]. 心理学报，43 (10)：1185-1197.

段锦云，施嘉逸，凌斌，2017. 高承诺组织与员工建言：双过程模型检验 [J]. 心理学报，49 (4)：539-553.

段锦云，魏秋江，2012. 建言效能感结构及其在员工建言行为发生中的作

用 [J]. 心理学报, 44 (7): 972-985.

段锦云, 钟建安, 2012. 工作满意感与建言行为的关系探索: 组织承诺的缓冲影响 [J]. 管理工程学报, 26 (1): 170-174.

段锦云, 周冉, 古晓花, 2014. 正面自我标签对建议采纳的影响 [J]. 心理学报, 46 (10): 1591-1602.

段锦云, 周冉, 陆文娟, 等, 2013. 不同反应线索条件下调节匹配对建议采纳的影响 [J]. 心理学报, 45 (1): 104-113.

郭晓薇, 2011. 中国情境中的上下级关系构念研究述评: 兼论领导—成员交换理论的本土贴切性 [J]. 南开管理评论, 14 (2): 61-68.

韩翼, 董越, 胡筱菲, 等, 2017. 员工进谏策略及其有效性研究 [J]. 管理学报, 14 (12): 1777-1785.

韩翼, 肖素芳, 龚鹏飞, 2020. 基于说服理论的员工谏言与领导纳谏研究 [J]. 管理学报, 17 (4): 509-517.

韩翼, 肖素芳, 张云逸, 2020. 如何实现工作-家庭共同繁荣: 基于资源增益视角 [J]. 预测, 39 (1): 1-8.

韩翼, 谢怡敏, 2015. 组织异议研究述评与展望 [J]. 外国经济与管理, 37 (11): 50-62.

韩翼, 杨百寅, 2012. 师徒关系开启徒弟职业成功之门: 政治技能视角 [J]. 管理世界 (6): 124-132.

胡恩华, 韩明燕, 单红梅, 等, 2019. 工会实践能促进员工建言吗?: 计划行为理论的视角 [J]. 外国经济与管理, 41 (5): 88-100.

黄杜鹃, 叶江峰, 张古鹏, 2019. 与上司关系融洽有利于中层管理者抑制性建言吗?: 一个有调节的中介模型 [J]. 科研管理, 40 (11): 276-284.

李斌, 张凯迪, 陈汉聪, 等, 2023. 建言类型对领导者建言采纳的影响: 面子与幽默的作用 [J]. 心理科学, 46 (1): 145-153.

李超平, 徐世勇. 管理与组织研究常用的 60 个理论 [M]. 北京: 北京大学出版社, 2019.

李晨麟, 潘盈朵, 王新野, 等, 2023. 包容型氛围感知对员工建言的影响: 心理安全感与惰性感知的双重路径 [J]. 心理科学, 46 (1): 105-112.

李澄锋, 田也壮, 2017. 领导排斥对员工建言行为的影响及作用机制 [J]. 中国管理科学, 25 (8): 175-183.

李树文，罗瑾琏，梁阜，2019. 研发企业内外部学习对组织创新的权变影响 [J]. 科学学研究，37 (11)：2092-2101.

李锡元，伍林，陈思，等，2016. 真实型领导对下属建言行为的影响：上司支持感的中介作用 [J]. 技术经济，35 (3)：38-44.

李燕萍，史瑶，毛雁滨，2018. 授权型领导对员工建言行为的影响：心理所有权的中介作用 [J]. 科技进步与对策，35 (3)：140-145.

李燕萍，郑馨怡，刘宗华，2017. 基于资源保存理论的内部人身份感知对员工建言行为的影响机制研究 [J]. 管理学报，14 (2)：196-204.

梁建，2014. 道德领导与员工建言：一个调节 - 中介模型的构建与检验 [J]. 心理学报，46 (2)：252-264.

刘生敏，廖建桥，2016. "禽" 中纳谏：多层次真实型领导对员工和团队抑制性建言的影响 [J]. 管理工程学报，30 (2)：142-151.

刘小娟，王国锋，2022. 防御与促进：人际和谐在员工建言行为中的作用 [J]. 河海大学学报（哲学社会科学版），24 (1)：92-99.

刘耀中，江玉琳，窦凯，2016. 权力对建议采纳的影响：反馈效价的调节作用 [J]. 中国临床心理学杂志，24 (3)：400-404.

卢红旭，周帆，吴挺，等，2019. 工作压力对建设型和防御型建言的差异影响 [J]. 心理学报，51 (12)：1375-1385.

罗兴鹏，张向前，2018. 正向领导对员工建言行为的跨层次影响：自我验证视角 [J]. 预测，37 (3)：7-14.

马贵梅，樊耘，门一，等，2014. 权威领导影响下属建言行为的双元心理机制 [J]. 预测，33 (6)：1-7.

马贵梅，马红，张旭，等，2022. 基于扎根理论的员工建言质量研究：内容结构、测量与作用机制 [J]. 管理评论，34 (12)：227-240.

马贵梅，吴亚萌，马冰，2021. 聚沙成塔：团队建言的形成与作用机制 [J]. 当代经济管理，43 (12)：66-75.

苗仁涛，周文霞，刘丽，等，2015. 高绩效工作系统有助于员工建言？一个被中介的调节作用模型 [J]. 管理评论，27 (7)：105-115.

戚玉觉，杨东涛，2018. 高绩效工作系统与员工建言的关系：价值观匹配的中介作用与领导成员交换的调节作用 [J]. 商业经济与管理 (8)：36-46.

齐蕾，刘冰，魏鑫，2019. 包容型领导对员工建言行为的双重作用机制研究［J］. 商业经济与管理（10）：40-48.

钱帕，2009. 纳谏：如何发现并用好建言［M］. 北京：商务印书馆.

隋杨，张悦，陈琴，2019. 上级发展性反馈与员工建言：情绪的中介作用
　　及团队认同感的调节作用［J］. 管理评论，31（11）：161-170.

王凯，韩翼，余涵烟，2018. 基于权力感知调节作用的领导对员工谏言反
　　应研究［J］. 管理学报，15（2）：209-216.

魏昕，张志学，2014. 上级何时采纳促进性或抑制性进言？：上级地位和下
　　属专业度的影响［J］. 管理世界（1）：132-143.

吴隆增，曹昆鹏，陈苑仪，等，2011. 变革型领导行为对员工建言行为的
　　影响研究［J］. 管理学报，8（1）：61-66.

吴维库，王未，刘军，等，2012. 辱虐管理、心理安全感知与员工建言
　　［J］. 管理学报，9（1）：57-63.

向常春，龙立荣，2013. 参与型领导与员工建言：积极印象管理动机的中
　　介作用［J］. 管理评论，25（7）：156-166.

徐惊蛰，谢晓非，2009. 决策过程中的建议采纳［J］. 心理科学进展，17
　　（5）：1016-1025.

许黎明，赵曙明，张敏，2018. 二元工作激情中介作用下的辱虐管理对员
　　工建言行为影响研究［J］. 管理学报，15（10）：988-995.

闫婷婷，杜秀芳，李假，2014. 情绪和认知方式对个体建议采纳的影响
　　［J］. 心理与行为研究，12（5）：601-608.

严瑜，何亚男，2016. 领导对建言反应的动机感知作用机制：基于归因理
　　论的阐释［J］. 心理科学进展，24（9）：1457-1466.

阎亮，马贵梅，2018. 工作满意或不满意促进建言？：代际差异与 PIED 的
　　调节效应［J］. 管理评论，30（11）：176-185.

杨国枢，2006. 社会及行为科学研究法［M］. 重庆：重庆大学出版社.

姚楠，张亚军，周芳芳，2019. 自我牺牲型领导对员工建言的影响：有调
　　节的中介效应［J］. 科研管理，40（9）：221-230.

易洋，朱蕾，2015. 下属建言与领导纳言：基于 ELM 理论一个被中介的调
　　节模型［J］. 南方经济（7）：93-107.

尹奎，孙健敏，张凯丽，等，2018. 职场友谊对建言行为的影响：一个有
　　调节的中介模型［J］. 管理评论，30（4）：132-141.

于晓宇，胡芝甜，陈依，等，2016. 从失败中识别商机：心理安全与建言

行为的角色 [J]. 管理评论, 28 (7): 154-164.

詹小慧, 戴胜利, 2019. 自恋型领导对建言采纳的影响 [J]. 财贸研究, 30 (5): 91-98.

詹小慧, 苏晓艳, 2019. 建言者个人声誉对领导纳言的影响: 权力距离的跨层次调节作用 [J]. 科学学与科学技术管理, 40 (8): 126-140.

詹小慧, 汤雅军, 杨东涛, 2018. 员工建言对职场排斥的影响研究: 基于社会比较理论的视角 [J]. 经济经纬, 35 (3): 103-109.

张龙, 李想, 2016. 管理者为什么纳言?: 基于说服理论的研究 [J]. 外国经济与管理, 38 (9): 80-92.

张亚军, 张磊, 2017. 领导宽恕与员工抑制性建言的关系研究 [J]. 管理世界 (12): 184-185.

张艳梅, 杜秀芳, 王修欣, 2015. 焦虑、建议者善意程度对个体建议采纳的影响 [J]. 心理科学, 38 (5): 1155-1161.

章凯, 时金京, 罗文豪, 2020. 建言采纳如何促进员工建言: 基于目标自组织视角的整合机制 [J]. 心理学报 (2): 229-239.

钟建安, 张洁, 2009. 决策中的建议接受和判断 [J]. 应用心理学, 15 (4): 329-333.

周浩, 2012. 充耳不闻与从谏如流: 建议采择研究述评 [J]. 四川大学学报 (哲学社会科学版) (4): 105-111.

周浩, 2016. 管理者权力对采纳建言的影响: 管理者自我效能与权力距离的作用 [J]. 四川大学学报 (哲学社会科学版) (3): 123-131.

周浩, 2021. 建言方式、建言场合、权力距离对管理者采纳建言的影响 [J]. 经济与管理研究, 42 (2): 111-121.

周建涛, 廖建桥, 2012. 权力距离导向与员工建言: 组织地位感知的影响 [J]. 管理科学, 25 (1): 35-44.

ALBRIGHT M D, LEVY P E, 1995. The effects of source credibility and performance rating discrepancy on reactions to multiple raters 1 [J]. Journal of applied social psychology, 25 (7): 577-600.

ANDERSON C, JOHN O P, KELTNER D, 2012. The personal sense of power [J]. Journal of personality, 80 (2): 313-344.

ANDERSON C, KILDUFF G J, 2009. The pursuit of status in social groups [J]. Current directions in psychological science, 18 (5): 295-298.

AQUINO K, TRIPP T M, BIES R J, 2006. Getting even or moving on? Power, procedural justice, and types of offense as predictors of revenge, forgiveness, reconciliation, and avoidance in organizations [J]. Journal of applied psychology, 91 (3): 653-668.

ARNOLD M B, 1960. Emotion and personality [M]. New York: Columbia University Press.

ARYEE S, WALUMBWA F O, MONDEJAR R, et al., 2017. Core self-evaluations and employee voice behavior: Test of a dual-motivational pathway [J]. Journal of management, 43 (3): 946-966.

ASAKAWA K, 2010. Flow experience, culture, and well-being: How do autotelic Japanese college students feel, behave, and think in their daily lives? [J]. Journal of happiness studies, 11 (2): 205-223.

ASHFORD S J, ROTHBARD N P, PIDERIT S K, et al., 1998. Out on a limb: The role of context and impression management in selling gender-equity issues [J]. Administrative science quarterly, 43: 23-57.

ASHFORD S J, SUTCLIFFE K M, CHRISTIANSON M K, 2009. Speaking up and speaking out: The leadership dynamics of voice in organizations [J]. Voice and silence in organizations: 175-202.

ATHANASSIADES J C, 1983. The distortion of upward communication in hierarchical organizations [J]. Academy of management journal, 16 (2): 207-226.

AVERY D R, QUIÑONES M A, 2002. Disentangling the effects of voice: the incremental roles of opportunity, behavior, and instrumentality in predicting procedural fairness [J]. Journal of applied psychology, 87 (1): 81-86.

AVEY J B, WERNSING T S, PALANSKI M E, 2012. Exploring the process of ethical leadership: The mediating role of employee voice and psychological ownership [J]. Journal of business ethics, 107 (1): 21-34.

BAER M, 2012. Putting creativity to work: The implementation of creative ideas in organizations [J]. Academy of management journal, 55 (5): 1102-1119.

BASKIN O W, ARONOFF C E, 1980. Interpersonal communication in organizations [M]. California: Goodyear Publishing Company.

BETTENCOURT L A, 2004. Change-oriented organizational citizenship behaviors: The direct and moderating influence of goal orientation [J]. Journal of retailing, 80 (3): 165-180.

BIES R J, 2013. The delivery of bad news in organizations: A framework for analysis [J]. Journal of management, 39 (1): 136-162.

BLACKBURN M S, 1988. Employee dissent: The choice of voice versus silence [D]. Knoxville: The University of Tennessee.

BONACCIO S, DALAL R S, 2006. Advice taking and decision-making: An integrative literature review, and implications for the organizational sciences [J]. Organizational behavior and human decision processes, 101 (2): 127-151.

BOTERO I C, DYNE L V, 2009. Employee voice behavior: Interactive effects of LMX and power distance in the United States and Colombia [J]. Management communication quarterly, 23 (1): 84-104.

BURGELMAN R A, 1983. Corporate entrepreneurship and strategic management: Insights from a process study [J]. Management science, 29 (12): 1349-1364.

BURKE R J, WEITZEL W, WEIR T, 1978. Characteristics of effective employee performance review and development interviews: replication and extension 1 [J]. Personnel psychology, 31 (4): 903-919.

BURRIS E R, 2012. The risks and rewards of speaking up: Managerial responses to employee voice [J]. Academy of management journal, 55 (4): 851-875.

BURRIS E R, DETERT J R, CHIABURU D S, 2008. Quitting before leaving: the mediating effects of psychological attachment and detachment on voice [J]. Journal of applied psychology, 93 (4): 912-922.

BURRIS E R, DETERT J R, ROMNEY A C, 2013. Speaking up vs. being heard: The disagreement around and outcomes of employee voice [J]. Organization science, 24 (1): 22-38.

BURRIS E R, ROCKMANN K W, KIMMONS Y S, 2017. The value of voice to managers: Employee identification and the content of voice [J]. Academy of management journal, 60 (6): 2099-2125.

CAMPBELL W K, GOODIE A S, FOSTER J D, 2004. Narcissism, confidence, and risk attitude [J]. Journal of behavioral decision making, 17 (4): 297-311.

CARNEVALE J B, HUANG L, CREDE M, et al., 2017. Leading to stimulate employees' ideas: A quantitative review of leader - member exchange, employee voice, creativity, and innovative behavior [J]. Applied psychology, 66 (4): 517-552.

CARNEVALE J B, HUANG L, UHL - BIEN M, et al., 2020. Feeling obligated yet hesitant to speak up: Investigating the curvilinear relationship between LMX and employee promotive voice [J]. Journal of occupational and organizational psychology, 93 (3): 505-529.

CHAMBERLIN M, 2017. Exploring supervisor responses to employees who share bad news: Why and under what conditions are messengers shot? [D]. State of Arizona: Arizona State University.

CHAMBERLIN M, NEWTON D W, LEPINE J A, 2017. A meta-analysis of voice and its promotive and prohibitive forms: Identification of key associations, distinctions, and future research directions [J]. Personnel psychology, 70 (1): 11-71.

CHEN A S Y, HOU Y H, 2016. The effects of ethical leadership, voice behavior and climates for innovation on creativity: A moderated mediation examination [J]. The leadership quarterly, 27 (1): 1-13.

CHEN H, 2019. A Sociopolitical perspective to understand when and why supervisors endorse and implement employees'suggested changes [D]. West Virginia: West Virginia University.

CHIABURU D S, FARH C, DYNE L V, 2013. Supervisory epistemic, ideological, and existential responses to voice: A motivated cognition approach [M] //Voice and Whistleblowing in organizations. Northampton, MA: Edward Elgar Publishing.

CHIABURU D S, OH I S, BERRY C M, et al., 2011. The five-factor model of personality traits and organizational citizenship behaviors: A meta-analysis [J]. Journal of applied psychology, 96 (6): 1140-1166.

CHOI J N, 2007. Change-oriented organizational citizenship behavior: Effects of work environment characteristics and intervening psychological processes [J]. Journal of organizational behavior, 28 (4): 467-484.

COHEN-CHARASH Y, SPECTOR P E, 2001. The role of justice in organizations: A meta-analysis [J]. Organizational behavior and human decision processes, 86 (2): 278-321.

COLQUITT J A, CONLON D E, WESSON M J, et al., 2001. Justice at the millennium: A meta-analytic review of 25 years of organizational justice research [J]. Journal of applied psychology, 86 (3): 425-445.

DAFT R L, 1978. A dual-core model of organizational innovation [J]. Academy of management journal, 21 (2): 193-210.

DALAL R S, BONACCIO S, 2010. What types of advice do decision-makers prefer? [J]. Organizational behavior and human decision processes, 112 (1): 11-23.

DANSEREAU JR F, GRAEN G, HAGA W J, 1975. A vertical dyad linkage approach to leadership within formal organizations: A longitudinal investigation of the role making process [J]. Organizational behavior and human performance, 13 (1): 46-78.

DAVIDSON T, DYNE L V, LIN B, 2017. Too attached to speak up? It depends: How supervisor-subordinate guanxi and perceived job control influence upward constructive voice [J]. Organizational behavior and human decision processes, 143: 39-53.

DAVIS M H, 1983. The effects of dispositional empathy on emotional reactions and helping: A multidimensional approach [J]. Journal of personality, 51 (2): 167-184.

DETERT J R, BURRIS E R, 2007. Leadership behavior and employee voice: Is the door really open? [J]. Academy of management journal, 50 (4): 869-884.

DETERT J R, BURRIS E R, HARRISON D A, et al., 2013. Voice flows to and around leaders: Understanding when units are helped or hurt by employee voice [J]. Administrative science quarterly, 58 (4): 624-668.

DETERT J R, EDMONDSON A C, 2011. Implicit voice theories: Taken-for-granted rules of self-censorship at work [J]. Academy of management journal, 54 (3): 461-488.

DUAN J, LI C, XU Y, et al., 2017. Transformational leadership and employee voice behavior: A Pygmalion mechanism [J]. Journal of organizational behavior, 38 (5): 650-670.

DUTTON J E, ASHFORD S J, 1993. Selling issues to top management [J]. Academy of management review, 18 (3): 397-428.

DUTTON J E, ASHFORD S J, O'NEILL R M, et al., 1997. Reading the wind: How middle managers assess the context for selling issues to top managers [J]. Strategic management journal, 18 (5): 407-423.

DUTTON J E, ASHFORD S J, O'NEILL R M, et al., 2001. Moves that matter: Issue selling and organizational change [J]. Academy of management journal, 44 (4): 716-736.

DYNE L V, ANG S, BOTERO I C, 2003. Conceptualizing employee silence and employee voice as multidimensional constructs [J]. Journal of management studies, 40 (6): 1359-1392.

DYNE L V, CUMMINGS L L, PARKS J M L, 1995. Extra-role behaviours: In pursuit of construct and definitional clarity (a bridge over muddied waters) [J]. Research in organizational behavior, 17: 215-285.

DYNE L V, KAMDAR D, JOIREMAN J, 2008. In-role perceptions buffer the negative impact of low LMX on helping and enhance the positive impact of high LMX on voice [J]. Journal of applied psychology, 93 (6): 1195-1207.

DYNE L V, LEPINE J A, 1998. Helping and voice extra-role behaviors: Evidence of construct and predictive validity [J]. Academy of management journal, 41 (1): 108-119.

EDWARDS J R, LAMBERT L S, 2007. Methods for integrating moderation and mediation: a general analytical framework using moderated path analysis [J]. Psychological methods, 12 (1): 1-22.

ELLISTON F A, 1982. Anonymity and whistleblowing [J]. Journal of business ethics, 1 (3): 167-177.

ELSAIED M M, 2019. Supportive leadership, proactive personality and employee voice behavior: The mediating role of psychological safety [J]. American journal of business, 34 (1): 2-18.

EMERSON R M, 1962. Power-dependence relations [J]. American sociological review: 31-41.

FARH C I C, CHEN G, 2018. Leadership and member voice in action teams: Test of a dynamic phase model [J]. Journal of applied psychology, 103 (1): 97-110.

FARRELL D, 1983. Exit, voice, loyalty, and neglect as responses to job dissatisfaction: A multidimensional scaling study [J]. Academy of management journal, 26 (4): 596-607.

FARRELL D, PETERSEN J C, 1982. Patterns of political behavior in organization [J]. Academy of management review, 7 (3): 403-412.

FAST N J, BURRIS E R, BARTEL C A, 2014. Managing to stay in the dark: Managerial self-efficacy, ego defensiveness, and the aversion to employee voice [J]. Academy of management journal, 57 (4): 1013-1034.

FENG B, BURLESON B R, 2008. The effects of argument explicitness on responses to advice in supportive interactions [J]. Communication research, 35 (6): 849-874.

FENG B, FENG H, 2013. Examining cultural similarities and differences in responses to advice: A comparison of American and Chinese college students [J]. Communication research, 40 (5): 623-644.

FENG B, MACGEORGE E L, 2006. Predicting receptiveness to advice: Characteristics of the problem, the advice-giver, and the recipient [J]. Southern communication journal, 71 (1): 67-85.

FENG B, MACGEORGE E L, 2010. The influences of message and source factors on advice outcomes [J]. Communication research, 37 (4): 553-575.

FERRIS G R, BLASS F R, DOUGLAS C, et al., 2003. Personal reputation in organizations [M] // Organizational behavior: The state of the science (second edition). Mahwah, NJ: Lawrence Erlbaum.

FISKE S T, 1993. Controlling other people: The impact of power on stereotyping [J]. American psychologist, 48 (6): 621.

FRAGALE A R, 2006. The power of powerless speech: The effects of speech style and task interdependence on status conferral [J]. Organizational behavior and human decision processes, 101 (2): 243-261.

FRAZIER M L, BOWLER W M, 2015. Voice climate, supervisor undermining, and work outcomes: A group-level examination [J]. Journal of management, 41 (3): 841-863.

FRAZIER M L, FAINSHMIDT S, 2012. Voice climate, work outcomes, and the mediating role of psychological empowerment: A multilevel examination [J]. Group & organization management, 37 (6): 691-715.

FRESE M, FAY D, 2001. Personal initiative: An active performance concept for work in the 21st century [J]. Research in organizational behavior, 23: 133-187.

FRESE M, TENG E, WIJNEN C J D, 1999. Helping to improve suggestion systems: Predictors of making suggestions in companies [J]. Journal of organizational behavior, 20 (7): 1139-1155.

FULLER J B, MARLER L E, HESTER K, 2006. Promoting felt responsibility for constructive change and proactive behavior: Exploring aspects of an elaborated model of work design [J]. Journal of organizational behavior, 27 (8): 1089-1120.

GALINSKY A D, KU G, WANG C S, 2005. Perspective-taking and self-other overlap: Fostering social bonds and facilitating social coordination [J]. Group processes & intergroup relations, 8 (2): 109-124.

GALINSKY A D, MOSKOWITZ G B, 2000. Perspective-taking: decreasing stereotype expression, stereotype accessibility, and in-group favoritism [J]. Journal of personality and social psychology, 78 (4): 708-724.

GARDNER P H, BERRY D C, 1995. The effect of different forms of advice on the control of a simulated complex system [J]. Applied cognitive psychology, 9 (7): S55-S79.

GARNER J T, 2013. Dissenters, managers, and coworkers: The process of co-constructing organizational dissent and dissent effectiveness [J]. Management communication quarterly, 27 (3): 373-395.

GARNER J T, 2016. Open doors and iron cages: Supervisors' responses to employee dissent [J]. International journal of business communication, 53 (1): 27-54.

GINO F, 2008. Do we listen to advice just because we paid for it? The impact of advice cost on its use [J]. Organizational behavior and human decision processes, 107 (2): 234-245.

GINO F, BROOKS A W, SCHWEITZER M E, 2012. Anxiety, advice, and the ability to discern: Feeling anxious motivates individuals to seek and use advice [J]. Journal of personality and social psychology, 102 (3): 497-512.

GINO F, MOORE D A, 2007. Effects of task difficulty on use of advice [J]. Journal of behavioral decision making, 20 (1): 21-35.

GINO F, SCHWEITZER M E, 2008. Blinded by anger or feeling the love: how emotions influence advice taking [J]. Journal of applied psychology, 93 (5): 1165-1173.

GINO F, SHANG J, CROSON R, 2009. The impact of information from similar or different advisors on judgment [J]. Organizational behavior and human decision processes, 108 (2): 287-302.

GLAUSER M J, 1984. Upward information flow in organizations: Review and conceptual analysis [J]. Human relations, 37 (8): 613-643.

GOLDSMITH D J, 1994. The role of facework in supportive communication [J]. Communication of social support: messages, interactions, relationships, and community: 29-49.

GOLDSMITH D J, MACGEORGE E L, 2000. The impact of politeness and relationship on perceived quality of advice about a problem [J]. Human communication research, 26 (2): 234-263.

GOODWIN S A, GUBIN A, FISKE S T, et al., 2000. Power can bias impression processes: Stereotyping subordinates by default and by design [J]. Group processes & intergroup relations, 3 (3): 227-256.

GORDEN W I, 1988. Range of employee voice [J]. Employee responsibilities and rights journal, 1 (4): 283-299.

GRAEN G B, UHL-BIEN M, 1995. Relationship-based approach to leadership: Development of leader-member exchange (LMX) theory of leadership over 25 years: Applying a multi-level multi-domain perspective [J]. The leadership quarterly, 6 (2): 219-247.

GRANT A M, 2013. Rocking the boat but keeping it steady: The role of emotion regulation in employee voice [J]. Academy of management journal, 56 (6): 1703-1723.

GRANT A M, ASHFORD S J, 2008. The dynamics of proactivity at work [J]. Research in organizational behavior, 28: 3-34.

GRANT A M, BERRY J W, 2011. The necessity of others is the mother of invention: Intrinsic and prosocial motivations, perspective taking, and creativity [J]. Academy of management journal, 54 (1): 73-96.

GRANT A M, MAYER D M, 2009. Good soldiers and good actors: prosocial and impression management motives as interactive predictors of affiliative citizenship behaviors [J]. Journal of applied psychology, 94 (4): 900-912.

GRANT A M, PARKER S, COLLINS C, 2009. Getting credit for proactive behavior: Supervisor reactions depend on what you value and how you feel [J]. Personnel psychology, 62 (1): 31-55.

GRELLER M M, 1978. The nature of subordinate participation in the appraisal interview [J]. Academy of management journal, 21 (4): 646-658.

GUADAGNO R E, BURGER J M, 2007. Self-concept clarity and responsiveness to false feedback [J]. Social influence, 2 (3): 159-177.

GUZMAN F A, ESPEJO A, 2019. Introducing changes at work: How voice behavior relates to management innovation [J]. Journal of organizational behavior, 40 (1): 73-90.

HAGEDOORN M, VAN YPEREN N W, VAN DE VLIERT E, et al., 1999. Employees' reactions to problematic events: A circumplex structure of five categories of responses, and the role of job satisfaction [J]. Journal of organizational behavior, 20 (3): 309-321.

HARDY C L, VAN VUGT M, 2006. Nice guys finish first: The competitive altruism hypothesis [J]. Personality and social psychology bulletin, 32 (10): 1402-1413.

HARTEIS C, BAUER J, GRUBER H, 2008. The culture of learning from mistakes: How employees handle mistakes in everyday work [J]. International journal of educational research, 47 (4): 223-231.

HARVEY N, FISCHER I, 1997. Taking advice: Accepting help, improving judgment, and sharing responsibility [J]. Organizational behavior and human decision processes, 70 (2): 117-133.

HE W, ZHOU H, 2014. Managerial responses to voice: A content and process model of managerial voice – taking theory [C] //Academy of Management Proceedings. Briarcliff Manor, NY 10510: Academy of Management.

HIGGINS E T, 1997. Beyond pleasure and pain [J]. American psychologist, 52 (12): 1280-1300.

HIGGINS E T, 1998. Promotion and prevention: Regulatory focus as a motivational principle [J]. Advances in experimental social psychology, 30: 1-46.

HIRSCHMAN A O, 1970. Exit, voice, and loyalty: Responses to decline in firms, organizations, and states [M]. Cambridge: Harvard University Press.

HOUSE R J, RIZZO J R, 1972. Toward the measurement of organizational practices: Scale development and validation [J]. Journal of applied psychology, 56 (5): 388-396.

HOVLAND C I, WEISS W, 1951. The influence of source credibility on communication effectiveness [J]. Public opinion quarterly, 15 (4): 635-650.

HSIUNG H H, 2012. Authentic leadership and employee voice behavior: A multi-level psychological process [J]. Journal of business ethics, 107 (3): 349-361.

HUANG L, PATERSON T A, 2017. Group ethical voice: Influence of ethical leadership and impact on ethical performance [J]. Journal of management, 43 (4): 1157-1184.

HUANG X, XU E, HUANG L, et al., 2018. Nonlinear consequences of promotive and prohibitive voice for managers' responses: The roles of voice frequency and LMX [J]. Journal of applied psychology, 103 (10): 1101-1120.

HUNTON J E, HALL T W, PRICE K H, 1998. The value of voice in participative decision making [J]. Journal of applied psychology, 83 (5): 788-797.

HUSSAIN I, SHU R, TANGIRALA S, et al., 2019. The voice bystander effect: How information redundancy inhibits employee voice [J]. Academy of management journal, 62 (3): 828-849.

JAFRI M H, DEM C, CHODEN S, 2016. Emotional intelligence and employee creativity: Moderating role of proactive personality and organizational climate [J]. Business perspectives and research, 4 (1): 54-66.

JANSSEN O, GAO L, 2015. Supervisory responsiveness and employee self-perceived status and voice behavior [J]. Journal of management, 41 (7): 1854-1872.

JUNG Y, 2014. Employee voice and recipients' appraisals/reactions: The effects of speech style, voice type, and voicer status [D]. London: University of Western Ontario.

KAKKAR H, TANGIRALA S, SRIVASTAVA N K, et al., 2016. The dispositional antecedents of promotive and prohibitive voice [J]. Journal of applied psychology, 101 (9): 1342-1351.

KAMAL KUMAR K, KUMAR MISHRA S, 2017. Subordinate-superior upward communication: Power, politics, and political skill [J]. Human resource management, 56 (6): 1015-1037.

KASSING J W, 1997. Articulating, antagonizing, and displacing: A model of employee dissent [J]. Communication studies, 48 (4): 311-332.

KASSING J W, 1998. Development and validation of the organizational dissent scale [J]. Management communication quarterly, 12 (2): 183-229.

KASSING J W, 2002. Speaking up: Identifying employees' upward dissent strategies [J]. Management communication quarterly, 16 (2): 187-209.

KAUSEL E E, CULBERTSON S S, LEIVA P I, et al., 2015. Too arrogant for their own good? Why and when narcissists dismiss advice [J]. Organizational behavior and human decision processes, 131: 33-50.

KELTNER D, GRUENFELD D H, ANDERSON C, 2003. Power, approach, and inhibition [J]. Psychological review, 110 (2): 265-284.

KENNEDY J A, ANDERSON C, MOORE D A, 2013. When overconfidence is revealed to others: Testing the status-enhancement theory of overconfidence [J]. Organizational behavior and human decision processes, 122 (2): 266-279.

KIM Y, 2018. Killing ideas without killing future possibilities: Managing employee voice rejection [D]. Austin: The University of Texas at Austin.

KIM Y, BURRIS E R, MARTINS L L, 2014. Tailoring the pitch: The impact of idea framing and regulatory fit on managerial endorsement of subordinate voice [C]. Presented at the Academy of Management Annual Conference, Philadelphia, PA.

KIPNIS D, SCHMIDT S M, WILKINSON I, 1980. Intraorganizational influence tactics: Explorations in getting one's way [J]. Journal of applied psychology, 65 (4): 440-452.

KLAAS B S, DENISI A S, 1989. Managerial reactions to employee dissent: The impact of grievance activity on performance rating [J]. Academy of management journal, 32 (4): 705-717.

KLEEF G A V, DREU C, MANSTEAD A, 2010. An interpersonal approach to emotion in social decision making: the emotions as social information model [J]. Advances in experimental social psychology, 42 (42): 45-96.

KLEEF G A V, HOMAN A C, BEERSMA B, et al., 2009. Searing sentiment or cold calculation? The effects of leader emotional displays on team performance depend on follower epistemic motivation [J]. Academy of management journal, 52 (3): 562-580.

KOPALD S W, 2012. Manager openness to improvement – oriented employee voice: A study searching for keys to unlock the manager's door [D]. Minneapolis: Capella University.

KORSGAARD M A, ROBERSON L, 1995. Procedural justice in performance evaluation: The role of instrumental and non-instrumental voice in performance appraisal discussions [J]. Journal of management, 21 (4): 657-669.

KRUEGER J, MUELLER R A, 2002. Unskilled, unaware, or both? The better-than-average heuristic and statistical regression predict errors in estimates of own performance [J]. Journal of personality and social psychology, 82 (2): 180-188.

LAM C F, LEE C, SUI Y, 2019. Say it as it is: Consequences of voice directness, voice politeness, and voicer credibility on voice endorsement [J]. Journal of applied psychology, 104 (5): 642-658.

LATACK J C, KINICKI A J, PRUSSIA G E, 1995. An integrative process model of coping with job loss [J]. Academy of management review, 20 (2): 311-342.

LAZARUS R S, 1991. Progress on a cognitive-motivational-relational theory of emotion [J]. American psychologist, 46 (8): 819-834.

LAZARUS R S, FOLKMAN S, 1984. Stress, appraisal, and coping [M]. New York: Springer publishing company.

LEAPER C, AYRES M M, 2007. A meta-analytic review of gender variations in adults' language use: Talkativeness, affiliative speech, and assertive speech [J]. Personality and social psychology review, 11 (4): 328-363.

LEBEL R D, 2016. Overcoming the fear factor: How perceptions of supervisor openness lead employees to speak up when fearing external threat [J]. Organizational behavior and human decision processes, 135: 10-21.

LEBEL R D, WHEELER - SMITH S, MORRISON E W, 2011. Employee voice behavior: Development and validation of a new multi-dimensional measure [C] //Annual Meeting of the Academy of Management, San Antonio, Texas.

LEE A Y, AAKER J L, 2004. Bringing the frame into focus: the influence of regulatory fit on processing fluency and persuasion [J]. Journal of personality and social pycology, 86 (2): 205-218.

LEFKOWITZ J, 2000. The role of interpersonal affective regard in supervisory performance ratings: A literature review and proposed causal model [J]. Journal of occupational and organizational psychology, 73 (1): 67-85.

LEPINE J A, DYNE L V, 1998. Predicting voice behavior in work groups [J]. Journal of applied psychology, 83 (6): 853-868.

LEPINE J A, DYNE L V, 2001. Voice and cooperative behavior as contrasting forms of contextual performance: evidence of differential relationships with big five personality characteristics and cognitive ability [J]. Journal of applied psychology, 86 (2): 326-336.

LEPINE M A, ZHANG Y, CRAWFORD E R, et al., 2016. Turning their pain to gain: Charismatic leader influence on follower stress appraisal and job performance [J]. Academy of management journal, 59 (3): 1036-1059.

LI A N, LIAO H, TANGIRALA S, et al., 2017. The content of the message matters: The differential effects of promotive and prohibitive team voice on team productivity and safety performance gains [J]. Journal of applied psychology, 102 (8): 1259-1270.

LI A N, TANGIRALA S, 2021. How voice emerges and develops in newly formed supervisor-employee dyads [J]. Academy of management journal, 64 (2): 614-642.

LI J, 2017. When are they more likely to listen? An investigation on managerial response to voice [D]. Seattle: University of Washington.

LI Y, SUN J M, 2015. Traditional Chinese leadership and employee voice behavior: A cross-level examination [J]. The leadership quarterly, 26 (2): 172-189.

LIAN H, FERRIS D L, BROWN D J, 2012. Does power distance exacerbate or mitigate the effects of abusive supervision? It depends on the outcome [J]. Journal of applied psychology, 97 (1): 107-123.

LIANG J, FARH C I C, FARH J L, 2012. Psychological antecedents of promotive and prohibitive voice: A two-wave examination [J]. Academy of management journal, 55 (1): 71-92.

LIANG J, GONG Y, 2013. Capitalizing on proactivity for informal mentoring received during early career: The moderating role of core self-evaluations [J]. Journal of organizational behavior, 34 (8): 1182-1201.

LIANG J, SHU R, FARH C I C, 2019. Differential implications of team member promotive and prohibitive voice on innovation performance in research and development project teams: A dialectic perspective [J]. Journal of organizational behavior, 40 (1): 91-104.

LIDEN R C, MASLYN J M, 1998. Multidimensionality of leader-member exchange: An empirical assessment through scale development [J]. Journal of management, 24 (1): 43-72.

LIM J S, O'CONNOR M, 1995. Judgemental adjustment of initial forecasts: Its effectiveness and biases [J]. Journal of behavioral decision making, 8 (3): 149-168.

LIN B, MAINEMELIS C, KARK R, 2016. Leaders' responses to creative deviance: Differential effects on subsequent creative deviance and creative performance [J]. The leadership quarterly, 27 (4): 537-556.

LIND E A, KANFER R, EARLEY P C, 1990. Voice, control, and procedural justice: Instrumental and noninstrumental concerns in fairness judgments [J]. Journal of personality and social psychology, 59 (5): 952-959.

LIU W, SONG Z, LI X, et al., 2017. Why and when leaders' affective states influence employee upward voice [J]. Academy of management journal, 60 (1): 238-263.

LIU W, TANGIRALA S, RAMANUJAM R, 2013. The relational antecedents of voice targeted at different leaders [J]. Journal of applied psychology, 98 (5): 841-851.

LIU W, ZHU R, YANG Y, 2010. I warn you because I like you: Voice behavior, employee identifications, and transformational leadership [J]. The leadership quarterly, 21 (1): 189-202.

LIU Y, PERREWE P L, 2005. Another look at the role of emotion in the organizational change: A process model [J]. Human resource management review, 15 (4): 263-280.

MACGEORGE E L, FENG B, BUTLER G L, et al., 2004. Understanding advice in supportive interactions: Beyond the facework and message evaluation paradigm [J]. Human communication research, 30 (1): 42-70.

MACGEORGE E L, GUNTZVILLER L M, BRANCH S E, et al., 2015. Advice in interaction: Quantity and placement of problem-solving behaviors [J]. Communication research, 42: 1-27.

MACGEORGE E L, GUNTZVILLER L M, HANASONO L K, et al., 2016. Testing advice response theory in interactions with friends [J]. Communication research, 43 (2): 211-231.

MACGEORGE E L, LICHTMAN R M, PRESSEY L C, 2002. The evaluation of advice in supportive interactions: Facework and contextual factors [J]. Human communication research, 28 (3): 451-463.

MACKENZIE S B, PODSAKOFF P M, PODSAKOFF N P, 2011. Challenge-oriented organizational citizenship behaviors and organizational effectiveness: Do challenge-oriented behaviors really have an impact on the organization's bottom line? [J]. Personnel psychology, 64 (3): 559-592.

MANSELL W, LAM D, 2006. "I won't do what you tell me!": Elevated mood and the assessment of advice-taking in euthymic bipolar I disorder [J]. Behaviour research and therapy, 44 (12): 1787-1801.

MAYNES T D, PODSAKOFF P M, 2014. Speaking more broadly: An examination of the nature, antecedents, and consequences of an expanded set of employee voice behaviors [J]. Journal of applied psychology, 99 (1): 87-112.

MCCLEAN E J, BURRIS E R, DETERT J R, 2013. When does voice lead to exit? It depends on leadership [J]. Academy of management journal, 56 (2): 525-548.

MCCLEAN E J, MARTIN S R, EMICH K J, et al., 2018. The social consequences of voice: An examination of voice type and gender on status and subsequent leader emergence [J]. Academy of management journal, 61 (5): 1869-1891.

MCGUIRE W J, 1985. Attitudes and attitude change [M]. New York, NY: Random House.

MICELI M P, NEAR J P, 1985. Characteristics of organizational climate and perceived wrongdoing associated with whistle-blowing decisions [J]. Personnel psychology, 38 (3): 525-544.

MICELI M P, NEAR J P, DWORKIN T M, 2009. A word to the wise: How managers and policy-makers can encourage employees to report wrongdoing [J]. Journal of business ethics, 86 (3): 379-396.

MILLIKEN F J, MORRISON E W, HEWLIN P F, 2003. An exploratory study of employee silence: Issues that employees don't communicate upward and why [J]. Journal of management studies, 40 (6): 1453-1476.

MORRISON E W, 2011. Employee voice behavior: Integration and directions for future research [J]. Academy of management annals, 5 (1): 373-412.

MORRISON E W, MILLIKEN F J, 2000. Organizational silence: A barrier to change and development in a pluralistic world [J]. Academy of management review, 25 (4): 706-725.

MORRISON E W, PHELPS C C, 1999. Taking charge at work: Extrarole efforts to initiate workplace change [J]. Academy of management journal, 42 (4): 403-419.

MORRISON E W, ROTHMAN N B, 2009. Silence and the dynamics of power [J]. Voice and silence in organizations, 6: 111-134.

MORRISON E W, WHEELER-SMITH S L, KAMDAR D, 2011. Speaking up in groups: a cross-level study of group voice climate and voice [J]. Journal of applied psychology, 96 (1): 183-191.

NEALE M A, BAZERMAN M H, 1983. The role of perspective-taking ability in negotiating under different forms of arbitration [J]. ILR review, 36 (3): 378-388.

NEAR J P, MICELI M P, 1985. Organizational dissidence: The case of whistle-blowing [J]. Journal of business ethics, 4 (1): 1-16.

O'KEEFE D Jz, 2002. Persuasion: Theory and research [M]. Newbury Park, CA: Sage.

OREG S, BARTUNEK J M, LEE G, et al., 2018. An affect-based model of recipients' responses to organizational change events [J]. Academy of management review, 43 (1): 65-86.

PARKER S K, BINDL U K, STRAUSS K, 2010. Making things happen: A model of proactive motivation [J]. Journal of management, 36 (4): 827-856.

PARKER S K, COLLINS C G, 2010. Taking stock: Integrating and differentiating multiple proactive behaviors [J]. Journal of management, 36 (3): 633-662.

PENG K Z, WONG C S, SONG J L, 2016. How do Chinese employees react to psychological contract violation? [J]. Journal of world business, 51 (5): 815-825.

PETTY R E, CACIOPPO J T, 1986. The elaboration likelihood model of persuasion [M] //Communication and persuasion. New York: Springer publishing company: 1-24.

PIEZUNKA H, DAHLANDER L, 2015. Distant search, narrow attention: How crowding alters organizations' filtering of suggestions in crowdsourcing [J]. Academy of management journal, 58 (3): 856-880.

PINDER C C, HARLOS K P, 2001. Employee silence: Quiescence and acqui-
escence as responses to perceived injustice [M] //Research in personnel and
human resources management. Emerald Group Publishing Limited: 331-369.

PODSAKOFF P M, MACKENZIE S B, PAINE J B, et al., 2000. Organiza-
tional citizenship behaviors: A critical review of the theoretical and empirical
literature and suggestions for future research [J]. Journal of management, 26
(3): 513-563.

PREMEAUX S F, BEDEIAN A G, 2003. Breaking the silence: The
moderating effects of self-monitoring in predicting speaking up in the
workplace [J]. Journal of management studies, 40 (6): 1537-1562.

REHG M T, MICELI M P, NEAR J P, et al., 2008. Antecedents and out-
comes of retaliation against whistleblowers: Gender differences and power rela-
tionships [J]. Organization science, 19 (2): 221-240.

REID S A, PALOMARES N A, ANDERSON G L, et al., 2009. Gender,
language, and social influence: A test of expectation states, role congruity,
and self-categorization theories [J]. Human communication research, 35
(4): 465-490.

RODELL J B, JUDGE T A, 2009. Can "good" stressors spark "bad" behav-
iors? The mediating role of emotions in links of challenge and hindrance stres-
sors with citizenship and counterproductive behaviors [J]. Journal of applied
psychology, 94 (6): 1438-1451.

RUSBULT C E, FARRELL D, ROGERS G, et al., 1988. Impact of exchange
variables on exit, voice, loyalty, and neglect: An integrative model of re-
sponses to declining job satisfaction [J]. Academy of management journal,
31 (3): 599-627.

RUSBULT C, LOWERY D, 1985. When bureaucrats get the blues: Responses
to dissatisfaction among federal employees [J]. Journal of applied social psy-
chology, 15 (1): 80-103.

SAUNDERS D M, SHEPPARD B H, KNIGHT V, et al., 1992. Employee
voice to supervisors [J]. Employee responsibilities and rights journal, 5
(3): 241-259.

SAVITSKY K, VAN BOVEN L, EPLEY N, et al., 2005. The unpacking effect in allocations of responsibility for group tasks [J]. Journal of experimental social psychology, 41 (5): 447-457.

SCANDURA T A, GRAEN G B, 1984. Moderating effects of initial leader-member exchange status on the effects of a leadership intervention [J]. Journal of applied psychology, 69 (3): 428-436.

SCHRAH G E, DALAL R S, SNIEZEK J A, 2006. No decision-maker is an island: integrating expert advice with information acquisition [J]. Journal of behavioral decision making, 19 (1): 43-60.

SEE K E, MORRISON E W, ROTHMAN N B, et al., 2011. The detrimental effects of power on confidence, advice taking, and accuracy [J]. Organizational behavior and human decision processes, 116 (2): 272-285.

SEIBERT S E, KRAIMER M L, CRANT J M, 2001. What do proactive people do? A longitudinal model linking proactive personality and career success [J]. Personnel psychology, 54 (4): 845-874.

SERVATY-SEIB H L, BURLESON B R, 2007. Bereaved adolescents' evaluations of the helpfulness of support-intended statements: Associations with person centeredness and demographic, personality, and contextual factors [J]. Journal of social and personal relationships, 24 (2): 207-223.

SHAREK J, BURRIS E, BARTEL C, 2010. When does voice prompt action? Constructing ideas that trigger attention, importance and feasibility [J]. Academy of management annual meeting proceedings (1): 1-6.

SHERF E N, SINHA R, TANGIRALA S, et al., 2018. Centralization of member voice in teams: Its effects on expertise utilization and team performance [J]. Journal of applied psychology, 103 (8): 813-827.

SIEGRIST M, GUTSCHER H, EARLE T C, 2005. Perception of risk: the influence of general trust, and general confidence [J]. Journal of risk research, 8 (2): 145-156.

SMITH C A, ELLSWORTH P C, 1985. Patterns of cognitive appraisal in emotion [J]. Journal of personality and social psychology, 48 (4): 813-838.

SNIEZEK J A, BUCKLEY T, 1995. Cueing and cognitive conflict in judge-advisor decision making [J]. Organizational behavior and human decision processes, 62 (2): 159-174.

SNIEZEK J A, VAN SWOL L M, 2001. Trust, confidence, and expertise in a judge‑advisor system [J]. Organizational behavior and human decision processes, 84 (2): 288-307.

SPENCER D G, 1986. Employee voice and employee retention [J]. Academy of management journal, 29 (3): 488-502.

STRAUSS J P, BARRICK M R, CONNERLEY M L, 2001. An investigation of personality similarity effects (relational and perceived) on peer and supervisor ratings and the role of familiarity and liking [J]. Journal of occupational and organizational psychology, 74 (5): 637-657.

SWOL L M V, 2011. Forecasting another's enjoyment versus giving the right answer: Trust, shared values, task effects, and confidence in improving the acceptance of advice [J]. International journal of forecasting, 27 (1): 103-120.

TANGIRALA S, KAMDAR D, VENKATARAMANI V, et al., 2013. Doing right versus getting ahead: The effects of duty and achievement orientations on employees' voice [J]. Journal of applied psychology, 98 (6): 1040-1050.

TANGIRALA S, RAMANUJAM R, 2008. Exploring nonlinearity in employee voice: The effects of personal control and organizational identification [J]. Academy of management journal, 51 (6): 1189-1203.

TANGIRALA S, RAMANUJAM R, 2012. Ask and you shall hear (but not always): Examining the relationship between manager consultation and employee voice [J]. Personnel psychology, 65 (2): 251-282.

TOST L P, GINO F, LARRICK R P, 2012. Power, competitiveness, and advice taking: Why the powerful don't listen [J]. Organizational behavior and human decision processes, 117 (1): 53-65.

TRÖSTER C, VAN KNIPPENBERG D, 2012. Leader openness, nationality dissimilarity, and voice in multinational management teams [J]. Journal of international business Studies, 43 (6): 591-613.

TVERSKY A, KOEHLER D J, 1994. Support theory: A nonextensional representation of subjective probability [J]. Psychological review, 101 (4): 547-567.

TWYMAN M, HARVEY N, HARRIES C, 2008. Trust in motives, trust in competence: Separate factors determining the effectiveness of risk communication [J]. Judgment and decision making, 3 (1): 111-120.

ULLÉN F, DE MANZANO Ö, ALMEIDA R, et al., 2012. Proneness for psychological flow in everyday life: Associations with personality and intelligence [J]. Personality and individual differences, 52 (2): 167-172.

VAKOLA M, BOURADAS D, 2005. Antecedents and consequences of organisational silence: an empirical investigation [J]. Employee relations, 27 (5): 441-458.

WANG A C, HSIEH H H, TSAI C Y, et al., 2012. Does value congruence lead to voice? Cooperative voice and cooperative silence under team and differentiated transformational leadership [J]. Management and organization review, 8 (2): 341-370.

WAYNE S J, FERRIS G R, 1990. Influence tactics, affect, and exchange quality in supervisor-subordinate interactions: A laboratory experiment and field study [J]. Journal of applied psychology, 75 (5): 487-499.

WEI X, ZHANG Z X, CHEN X P, 2015. I will speak up if my voice is socially desirable: A moderated mediating process of promotive versus prohibitive voice [J]. Journal of applied psychology, 100 (5): 1641-1652.

WEISS M, KOLBE M, GROTE G, et al., 2018. We can do it! Inclusive leader language promotes voice behavior in multi-professional teams [J]. The leadership quarterly, 29 (3): 389-402.

WEISS M, MORRISON E W, 2019. Speaking up and moving up: How voice can enhance employees' social status [J]. Journal of organizational behavior, 40 (1): 5-19.

WELSH D T, OUTLAW R, NEWTON D W, et al., 2022. The social aftershocks of voice: An investigation of employees' affective and interpersonal reactions after speaking up [J]. Academy of Management Journal, 65 (6): 2034-2057.

WHITING S W, MAYNES T D, PODSAKOFF N P, et al., 2012. Effects of message, source, and context on evaluations of employee voice behavior [J]. Journal of applied psychology, 97 (1): 159-182.

WHITING S W, PODSAKOFF P M, PIERCE J R, 2008. Effects of task performance, helping, voice, and organizational loyalty on performance appraisal ratings [J]. Journal of applied psychology, 93 (1): 125-139.

WILDER W D, CSIKSZENTMIHALYI M, CSIKSZENTMIHALYI I S, 1989. Optimal experience: Psychological studies of flow in consciousness [J]. Man, 24 (4): 690.

WITHEY M J, COOPER W H, 1989. Predicting exit, voice, loyalty, and neglect [J]. Administrative science quarterly: 521-539.

WOMACK J P, JONES D T, 1996. Beyond Toyota: how to root out waste and pursue perfection [J]. Harvard business review, 74 (5): 140-158.

WOOLDRIDGE B, FLOYD S W, 1990. The strategy process, middle management involvement, and organizational performance [J]. Strategic management journal, 11 (3): 231-241.

XU A J, LOI R, CAI Z, 2023. Not threats, but resources: An investigation of how leaders react to employee constructive voice [J]. British journal of management, 34 (1): 37-56.

YANIV I, 2004. The benefit of additional opinions [J]. Current directions in psychological science, 13 (2): 75-78.

YANIV I, CHOSHEN-HILLEL S, 2012. Exploiting the wisdom of others to make better decisions: Suspending judgment reduces egocentrism and increases accuracy [J]. Journal of behavioral decision making, 25 (5): 427-434.

YANIV I, KLEINBERGER E, 2000. Advice taking in decision making: Egocentric discounting and reputation formation [J]. Organizational behavior and human decision processes, 83 (2): 260-281.

YANIV I, MILYAVSKY M, 2007. Using advice from multiple sources to revise and improve judgments [J]. Organizational behavior and human decision processes, 103 (1): 104-120.

ZHANG Y, HUAI M, XIE Y, 2015. Paternalistic leadership and employee voice in China: A dual process model [J]. The leadership quarterly, 26 (1): 25-36.

ZHOU J, GEORGE J M, 2001. When job dissatisfaction leads to creativity: Encouraging the expression of voice [J]. Academy of management journal, 44 (4): 682-696.

附录1 开放式问卷

中国企业组织行为调查

尊敬的朋友：

　　您好！

　　感谢您拨冗参与这次由国家自然科学基金资助、中南财经政法大学承担的组织行为研究课题！

　　为了方便您的填写，特对本问卷进行如下说明：

　　一、我们的研究旨在发现组织（企业）的行为规律，您的填写没有对错或好坏之分，请您按照个人感知到的实际情况客观地填答。

　　二、本问卷采用无记名方式，所有数据仅作为科学研究使用，我们保证您的回答将严格保密，不会对您的生活和工作产生任何影响，请放心填写。

　　三、请您将完成填答的问卷直接交给中南财经政法大学的研究人员或本单位工作人员。

　　四、请您在答题前认真阅读说明，并根据您的真实感受填写问卷。

　　五、如您有任何问题，请与课题组联系。联系人：×××，手机号：×××，电子信箱：×××。

　　衷心感谢您的支持与配合！

　　第一部分：基本信息部分（仅用于统计，请您完整填答）请根据您的个人情况填写，或在适合的选项上打"√"。

　　1. 组织岗位：＿＿＿＿＿＿＿（如财务经理）

　　2. 工作年限：＿＿＿＿　年

　　3. 性　　别：□男　□女

4. 您的年龄：_____ 岁

5. 受教育程度：□ 中专（含高中）及以下　 □ 大专　 □本科
　 □ 研究生及以上

6. 组织职位：□员工　　 □管理者

第二部分：请根据您的真实情况和感受对下列问题进行填写。

1. 您认为在日常工作中，领导者纳谏包括哪些具体的行为或形式？

2. 您认为在日常工作中，领导者纳谏的原因是什么？

3. 您认为在日常工作中，领导者纳谏会产生什么样的结果或效果？

附录 2 访谈提纲

领导纳谏访谈提纲（管理者）

引导性问题：

1. 能否描述一下您的工作内容和职责？您在这个企业中工作了多长时间？您在管理岗位上工作了多长时间？

2. 您如何描述/评价您与下属的关系？您管理他们多久了？能否简要谈谈您的管理风格？

领导纳谏相关问题：

1. 作为一名管理者，您觉得纳谏包括哪些具体的行为？

2. 请举一个您纳谏的例子。

（1）简单描述一下下属谏言针对的问题以及您的第一反应。

（2）在评估下属的想法或意见并决定是否支持和采纳时，您会考虑什么因素？（例如，是否对组织有利？是否对您存在威胁？是否会阻碍您管理目标的实现？是否能够帮助您提高管理效率和效能？员工的想法或意见是否专业可信？员工的想法或意见是否在您的掌控范围之内？……）

（3）您是否考虑过您的纳谏可能会促进下属再一次谏言？

3. 您纳谏的主要原因包括哪些？

4. 您觉得您当时的情绪是否会影响到您的纳谏决策？

5. 您是否发现您在对待不同员工的谏言时存在不同的态度？

6. 关于纳谏，您是否还有其他想说的内容？

员工谏言对领导纳谏的影响研究——基于认知评价理论视角

领导纳谏访谈提纲（员工）

引导性问题：

1. 能否描述一下您的工作内容和职责？您在这个企业中工作了多长时间？

2. 您如何描述/评价您与上级的关系？您与您的领导在一起工作了多长时间？能否简要谈谈他的管理风格？

领导纳谏相关问题：

1. 您觉得领导者纳谏包括哪些具体的行为？

2. 能否请您举一个您谏言被领导采纳的例子？

3. 您是否会看准时机去谏言？为什么？（如在领导高兴的时候谏言等）

4. 您觉得什么样的谏言最容易被领导者采纳？（如与领导利益一致、不会威胁到领导的面子或地位、专业性或可信度较高等）

5. 您觉得领导者纳谏的原因包括哪些？

6. 谏言被采纳后，您的感觉如何？是否会在以后的工作中继续谏言？

7. 关于领导者纳谏，您是否还有其他想说的内容？

附录 3 领导纳谏认知评估过程
及条目优化结果

领导纳谏认知评估过程及条目优化结果如附表 1 所示。

附表 1 领导纳谏认知评估过程及条目优化结果

认知过程	条目主要特征提取	具体行为事例归纳优化结果
求	◆主动向员工征求和收集意见/建议	◆领导主动询问如何提高工作效率 1A10 ◆领导主动听取意见或建议 1A115、1A132、A178、C180、H172 ◆主动征求意见 1A5、1A127、1B41、1B70、1B134、1C126、1C128、A173、B178、G171 ◆主动调研、发现问题、提出改善建议 1A76 ◆向下属咨询 1A28 ◆发现有问题，拟解决问题前，征求意见 1A169 ◆针对领导不清楚或清晰的问题，向了解的人咨询或调研 1B53 ◆领导者能够主动地听取询问，而不仅仅是一味地被动接受 1C84、F177、G177 ◆定期收集各方面的意见和建议 1A160、1C85、B179、E171 ◆对于大工作征求意见，看是否有与自己不同的意见 1B148 ◆对决策的事情广泛征求不同意见 1C78 ◆找出解决困难问题的具体方法 1B101 ◆领导者主动通过各种形式征询下属对工作的意见 1A167 ◆去生产领域听取员工的交谈 1B4 ◆获取更多信息 1A99 ◆想听取多数人的意见与看法 1C154 ◆你能跟他正常地交流，可能是最好的，如果这个关系或者说这个企业比较融洽，那么我认为面对面的交流是最坦诚的 A177、A179
	◆通过公开会议形式进行讨论	◆做某个项目的时候，组织头脑风暴会 1A9、1C132 ◆在正式会议中，领导要求下属提出建议，或者下属主动提出建议，领导采纳 1A1、A180、A181、C171、C174

认知过程	条目主要特征提取	具体行为事例归纳优化结果
求	◆通过公开会议形式进行讨论	◆开会讨论 1A29、1A38、1A16、1B124、A172 ◆在民主生活会上开展批评与自我批评 1A32、1C75 ◆在集体讨论中公开发表意见和建议 1A35、1A57 ◆对重大问题进行民主讨论 1B112、1D118 ◆通过召开座谈会(茶话会、例会)收集员工的意见和建议 1A36、1A25、1A19、A174、A175、C173、C178、D178 ◆开展讨论,从讨论中听取相关信息 1B126、1B132、1B160 ◆诸如"诸葛亮会议" 1A43 ◆每年有生产会或年底小生产会等会议。部门领导首先会在部门内收集意见或建议,然后统一在生产会上进行反馈 D176
	◆私下沟通交流	◆私下协商 1A31 ◆私下谈心、谈话,征询意见和建议 1A40、1B6、1B35、1B75、B172、I172 ◆能够与下属定期或不定期地谈话 1B106、I176 ◆私下询问,汇总并集中解决问题 1B20、1B25、1C34 ◆与下属交流沟通,认真听取意见 1A24、K177 ◆很多工作是需要团队完成的,团队成员为了这个项目的发展,会有"我要把这个任务达成"的想法,那么他们之间都会有沟通和交流 D174
	◆深入基层,了解情况	◆主动到基层了解情况,听取建议 1A85、1A144、1A148 ◆领导有深入基层的习惯 1C43、B176 ◆了解情况,全面正视企业现状 1A88、1B131、1C143、1E133、1A154、1A101 ◆了解动态 1C139 ◆我们不光要把自己做好,还要带领这个团队,所以你必须主动去了解他们 E177
	◆通过访谈、邮件、问卷、意见箱、信箱、实地调研、专人负责等方式收集意见和建议	◆社交工具沟通 1B38、C175、D171 ◆信箱 1C25、1C32、1C65

认知过程	条目主要特征提取	具体行为事例归纳优化结果
求	◆通过访谈、邮件、问卷、意见箱、信箱、实地调研、专人负责等方式收集意见和建议	◆意见箱，就个人领导问题或组织问题进行了解调研 1D75、1B43、A185、B173 ◆听讲座吸取意见 1C6 ◆专门的人员帮你收集相关信息 1D85 ◆广开渠道，常利用网络邮箱、意见箱等方式，形成民主氛围 1A13、1C141、C177 ◆通过一些渠道收集行业的意见 1D45、B171 ◆定期通过问卷调查收集意见 1B32、1B36、A184、B175、B177、B183、C176 ◆采用合理的形式让大家发表自己的意见 1C67 ◆实地调研 1B27、1C124 ◆对需要了解的事情进行调研分析 1D78 ◆每年做一个员工访谈，员工访谈可能也是分层级的 A176、E176
	◆营造谏言氛围，鼓励提出建议	◆能够给下属提建议、说问题的权利 1C106 ◆鼓励团队有不同的声音 1C129 ◆集思广益 1A83、1A89、1A103、1C60、1D97 ◆广开言路，汲取有益的意见和建议 1A96 ◆鼓励下属说出真实态度，包括正确、反对等言论 1C138 ◆可以保留个人意见，但要为基层广开言路 1C121 ◆领导能给下属进谏的机会、环境 1A61 ◆鼓励下属发表自己的意见 1B92、1B145、1C92、A171、D184、J177、K176 ◆可以阐述自己的想法，如果不错会鼓励实施 1A7 ◆体现领导的领导风格，广纳众长、集体智慧 1B135 ◆给予提出有价值意见的人奖励和肯定 1D150 ◆对进谏人进行鼓励，营造民主氛围 1C155 ◆公开鼓励员工谏言，表扬员工的谏言行为 1A20、E174 ◆对于公司的任何事情员工都能提意见 A183 ◆奖励员工谏言 E185、F173

附表1(续)

认知过程	条目主要特征提取	具体行为事例归纳优化结果
听	◆乐于并善于倾听	◆谏言时领导的倾听态度、奖励措施等1A17 ◆能包容地聆听提意见或建议的人说话，并充分理解1A157 ◆领导能表述不同建议，无论对错，同时能讨论、引导1C61 ◆能包容对自身的建议及议论1D108 ◆乐于听取不同人不同的声音1A81 ◆善于听取不同意见1A49 ◆善于倾听工作中的建议及不同意见1A58 ◆善于听取非正式面谈的意见1D132 ◆善于听取来自不同渠道的意见、评价1E132 ◆善于倾听部下或同僚的建议1A158 ◆好的领导会认识到一个人的思想和学识是片面而有限的，需听取员工的意见来完善自己的想法1B80
	◆听来自各个方面的意见	◆倾听身边人的想法，思考问题1A30 ◆虚心地听取别人提出的不同意见1A78 ◆能听取各个方面的声音，无论正面或反面1A108、1C66 ◆听取别人的意见和建议1A4、1A62、1A91、1A109、B181、B185 ◆听取民声民意1A120 ◆听取下属、同级、领导和其他方面对领导者工作的意见和建议，以便于领导者决策和改进工作1A33、1A44、1A53、1A63、1A46、1A74、1A162 ◆可以从同事以外（非公司员工）听取有益的想法并用于工作中1B158 ◆就工作中的问题，听取员工的建设性意见1A11 ◆领导听取员工建议1A56、1A66、1A67、1A75、1A84、1A137、1A143、1A150、1A168、1B5、1B9、1B76 ◆听取基层和中层管理员工关于工作的具体意见以及开会提议1A22 ◆认真听从下属反映的工作情况1A126

认知过程	条目主要特征提取	具体行为事例归纳优化结果
听	◆听来自各个方面的意见	◆重视员工的意见，体现民主性 1B57 ◆听取下属对分工、报酬的感受 1B72 ◆不同员工提出建议或想法的方式如何，有价值的信息、建议，领导都能考虑 1B84 ◆对下属的不同意见认真倾听并共同分析 1B151 ◆听取下属对自己工作方法、工作思路的不同意见 1C72 ◆能够听取下属关于经营、管理各个方面的意见 1A93 ◆听取意见、建议或想法 1A23、1A27、1A51、1A54、1A55、1A68、1A69、1A70、1A71、1A87、1A97、1A105、1A114、1A134、1A136、1A139、1A142、1A147、1A161、1A165、1B69、1B71、1B85、1B89、1B95、1B113、1B114、1B139、1B144、1C83 ◆听取一些好的意见，说真话 1A133 ◆听取对整体工作的意见 1A159 ◆听真话、实话、不中听的话 1A164 ◆听取对现行政策和决策的不同意见 1B99 ◆兼听则明 1B143 ◆听取对企业个别事宜的意见和建议 1B159 ◆听取对自己领导方法改善的意见 1B165 ◆听取对领导者本人的意见 1C159
	◆开会听取意见	◆定期会议，听取员工对前段时间工作的意见，以及对后一段时间工作的想法 1A2、1A37 ◆开会听取意见和建议 1A6、1A14、1A15、1A45、D177 ◆党委会、××会中，主要领导听取其他不同意见并对其进行分析 1A151
	◆听比较负面的信息	◆虚心接受批评 1A47 ◆听取群众意见，特别是比较负面的意见，或不同的声音 1A90 ◆个人品德和习惯上的不当之处，也要听取良性建议 1C46 ◆报的忧应该更认真听 1C151 ◆全面听取意见，更加全面地了解真实情况，特别是与领导者不同的意见 1A146

认知过程	条目主要特征提取	具体行为事例归纳优化结果
听	◆听比较负面的信息	◆听取对布置工作的不同于自己的主张或工作措施 1A152 ◆听取一些从另外的角度看问题的方法 1B133 ◆有勇气听取刺耳的意见 1C69 ◆能善于倾听，特别是反面意见 1H51 ◆愿意、敢于、善于听取下属或旁者提出的不同意见和建议，甚至是反对意见 1A156 ◆领导者听取员工的批评意见 1A73、1B56 ◆听取下属对领导者的缺点提出的建议 1B137 ◆上位者能够听取下位者提出的不同意见，甚至是反对意见 1A86 ◆听取下属对领导者所提观点的不同意见、分歧 1C137
评	◆总结	◆开会交流，工作总结，主动报告 1A3 ◆就具体工作进行总结时的建议和意见 1B42 ◆对于不良甚至失败的实践的总结积累 1B46 ◆汇总思想为下属提供依据 1B125 ◆综合意见，给出新的工作目标和方向 1B2、1B37 ◆根据收取的信息做好反馈和改进方案 1B108 ◆评估工作的成效 1E82 ◆这个意见我们是绝对不采纳的，我说这违反国家规定 G172
	◆讨论	◆小组讨论，修改方案 1A21 ◆集体班子讨论问题，统一思想 1A141 ◆那我肯定首先要问他师傅觉得这个东西合不合理、可不可以，然后再问一下他们项目组组长，最后大家大概几个人碰一下，我们觉得五个人或四个人都认为他的意见还是值得采纳的时候，肯定会采纳 F172 ◆很多时候当局者迷，我们不一定看得到，他们看到就提出来了，他们提出的话我们就会再探讨一下这个怎么改善 F174

认知过程	条目主要特征提取	具体行为事例归纳优化结果
评	◆讨论	◆把自己的意见表达出来，然后领导跟我之间会有一个探讨。包括哪些制度，我这边的想法可以执行，或者暂时执行不了，然后在未来可以慢慢进行改善。就是会有相互的交流 F176 ◆比较能够接纳一些新的想法。只不过不会直截了当地说你这个完全执行不了。可以先做出来了以后拿到院委会去讨论，然后院委会会再给出意见，比如这些都是需要怎么改才能执行 G176 ◆我可能会专门针对他这个问题和领导人进行一个磋商，特别是这种问题如果我们反复碰到过很多了，不光在一个问题上，我们可能会把它作为一个重点问题来解决，甚至是跟领导上层汇报 H177、J172、J176
	◆分析	◆分析员工的思想，用人专长 1A125 ◆对意见和建议进行思考与分析 1B105 ◆与建议人共同分析提出的问题 1B157 ◆分析下属提意见或建议的背景，做好预防工作 1C168 ◆评价表 1B40 ◆不因自己是领导而批评别人提的意见水平低 1D151 ◆从众多的下属建议中选择最适合的建议 1C145 ◆哪怕他这个提议看起来很好，但是我觉得并没有操作性所以不会采纳，就是说他需要有自己的方案 A170 ◆主要看这个建议和我们目前企业的现状和文化是有关系的 D173 ◆线上交流，比如说一些很集中的问题，领导去酌情解决，一些他能处理的，他一般还是会尽力去处理，有些领导也处理不了了，可能他就不会处理了 D175
	◆思考	◆深入思考，理性判断 1B81 ◆在有价值意见的基础上进一步思考、完善、形成最终方案 1B142、1C150 ◆判断 1C142 ◆提出的一些建议我觉得都是蛮有新意的 D172

认知过程	条目主要特征提取	具体行为事例归纳优化结果
纳	◆接受和采纳意见/建议	◆领导者接受员工主动提出的建议并采纳 1A41 ◆直接接纳（立刻）1A52 ◆领导者采纳下属、同事的建议和意见 1A50、1A64、1A92、1A95、1A98、1A110、1A111、1A116、1A124、1A128、1A145、1A149、1B64、1B97、1B115、1B128、1B161、1C136、1B73、B180、E175、F171 ◆接受对工作改进的建议 1A155 ◆吸纳众人的意见、补充 1B68 ◆从经营管理方向出发采纳各层次的意见 1C53 ◆在日常工作中，下属就工作中遇到的问题向领导提出建议，领导采纳 1B1 ◆倾听并采纳他人或其他信息渠道的意见和建议 1A107 ◆吸纳下属的智力成果 1B100 ◆被动接受建议 1B127
	◆分析思考后接受正确意见和建议	◆会议讨论中接受建议 1A39 ◆接受员工提出的正确或合理化的建议 1A65、1A123、1B47、1B63、1B65、1B67、1B168、1C52、1C81、1D67、B174、B184、C172、C183、C184、C185、E178、I177 ◆首先纳谏就是领导接受规劝，即接受和采纳下属积极的、对公司发展有用的建议 1A80 ◆领导要善于、勇于接受并采纳下级正确的建议 1A140 ◆采纳下属、同事、领导、供应商、客户、社会各界等对公司发展所提出的建设性意见 1A163 ◆思考问题，并根据实际情况做出改变 1B30 ◆事件决策中采用合理化方案 1B39 ◆探讨改进后接纳 1B52 ◆并对正确的意见及时调整采纳 1B58 ◆对别人突出的不同意见进行分析，正确的就采纳 1B78 ◆善于接受、分析不同的声音，并做出决策，统一思想 1B129 ◆接受正确意见，不抨击错误意见 1B138

认知过程	条目主要特征提取	具体行为事例归纳优化结果
	◆分析思考后接受正确意见和建议	◆采纳有价值的意见与建议,完善自我,改善工作 1C105 ◆能不断学习接纳新鲜事物 1C108、E172、F178
	◆接受反面或批评性意见	◆接受反面的建议和意见 1A59 ◆接受下属、基层提出的针对领导者本身的意见和建议 1A121、1B121 ◆接受下属提出的批评性改进意见 1B98
纳	◆执行	◆具体执行方案,规划 1A8 ◆采纳建议者的意见,并实施工作改进 1A94、A182、E173 ◆付诸实践并给员工及时的反馈 1B93 ◆将积极有价值的意见付诸行动 1B150 ◆对公司有益的会立即进行整改和执行 1C4 ◆工作扎实,少唱高调,及时采纳落实到工作中 1C27 ◆对收集的意见、建议分析后,做出采纳的决定并落实 1C76 ◆接受不同意见并能加以调整和措施改进 1D138 ◆行动 1E142 ◆接受规劝,进一步完善规划 1A129 ◆能根据他人意见改变自己的看法和决定 1C71

附录4　区分效度检验测量量表

第一部分：基本信息部分（仅用于统计，请您完整填答）

请根据您的个人情况进行填写或在适合的选项上打"√"。

1. 岗位年限：_____ 年（在本岗位上的工作时间）

2. 性别：□ 男　　□ 女

3. 您的年龄：_____ 岁

4. 受教育程度：□ 中专（含高中）及以下　□ 大专　□本科 □ 研究生及以上

5. 在组织中的职位：□员工　　　□管理者

6. 企业性质：□国有企业　□民营企业　□外资企业　□合资企业 □其他_____

第二部分：主体问卷

请根据您的实际情况和真实感受对下列描述进行判断，并在相应的数字上打"√"。（1＝非常不同意，2＝基本不同意，3＝不确定，4＝基本同意，5＝非常同意）

	题项内容	同意程度				
1	我的直接领导会主动征求和收集意见与建议	1	2	3	4	5
2	我的直接领导通过正式渠道（如开会、座谈、邮箱、意见箱、调研等）收集信息，了解情况	1	2	3	4	5
3	我的直接领导通过私下沟通（如谈心、谈话）收集信息，征求建议	1	2	3	4	5
4	我的直接领导致力于营造谏言氛围，鼓励提出建议	1	2	3	4	5

题项内容		同意程度				
5	我的直接领导会听取各方的意见和建议，包括上级、同事、客户、下属等	1	2	3	4	5
6	我的直接领导会虚心听取不同于自己主张的意见和建议，特别是批评意见和建议	1	2	3	4	5
7	我的直接领导是一个乐于且善于倾听的人	1	2	3	4	5
8	我的直接领导会对收到的建议和意见进行分析和思考	1	2	3	4	5
9	我的直接领导会通过讨论各方意见，评判出合理化意见和建议	1	2	3	4	5
10	我的直接领导会与他人平等交换意见，不会随意贬低他人的想法	1	2	3	4	5
11	我的直接领导会接受和采纳合理化意见和建议	1	2	3	4	5
12	我的直接领导会将他人意见和建议付诸实践并及时反馈	1	2	3	4	5
13	我的直接领导会不断学习接纳新鲜事物	1	2	3	4	5
14	当我提出与组织有关的问题时，我的直接领导会公平对待	1	2	3	4	5
15	我的直接领导会对我提出的问题采取行动，加以纠正	1	2	3	4	5
16	我的直接领导很及时地处理我提出的问题	1	2	3	4	5
17	如果我的问题是合理的，我的直接领导愿意支持我	1	2	3	4	5
18	我的直接领导会仔细倾听我所提出的问题	1	2	3	4	5
19	我的领导会公平地对待所有员工提出的问题	1	2	3	4	5
20	我的直接领导会亲自询问我那些我认为有益于提升组织的事情	1	2	3	4	5
21	我的直接领导会亲自询问我在之前的工作中是如何处理事情的	1	2	3	4	5
22	我的直接领导会向我询问与工作任务相关的知识	1	2	3	4	5
23	我的直接领导会亲自询问我那些有利于绩效提升但他/她尚不知道的技能	1	2	3	4	5
24	我的直接领导会将我的意见告诉他/她的上级	1	2	3	4	5
25	我的直接领导在他/她的上级面前会支持我的意见	1	2	3	4	5
26	我的直接领导认为我的意见应该被执行	1	2	3	4	5
27	我的直接领导同意我的意见	1	2	3	4	5

	题项内容	同意程度				
28	我的直接领导认为我的意见是有价值的	1	2	3	4	5
29	我的直接领导愿意做出改变	1	2	3	4	5
30	我的直接领导会使用我的建议	1	2	3	4	5
31	我的直接领导对我的想法感兴趣	1	2	3	4	5
32	我的直接领导会对我提出的问题采取行动	1	2	3	4	5

附录5　效标效度检验测量量表

第一部分：基本信息部分（仅用于统计，请您完整填答）

请根据您的个人情况进行填写或在适合的选项上打"√"。

1. 岗位年限：_____ 年（在本岗位上的工作时间）

2. 性别：□ 男　　□ 女

3. 您的年龄：_____ 岁

4. 受教育程度：□ 中专（含高中）及以下　□ 大专　□本科 □ 研究生及以上

5. 在组织中的职位：□员工　　　□管理者

6. 企业性质：□国有企业　□民营企业　□外资企业　□合资企业 □其他_____

第二部分：主体问卷

一、请根据您的实际情况和真实感受对下列描述进行判断，并在相应的数字上打"√"。（1＝非常不同意，2＝基本不同意，3＝不确定，4＝基本同意，5＝非常同意）

	题项内容	同意程度				
1	我的直接领导会主动征求和收集意见与建议	1	2	3	4	5
2	我的直接领导通过正式渠道（如开会、座谈、邮箱、意见箱、调研等）收集信息，了解情况	1	2	3	4	5
3	我的直接领导通过私下沟通（如谈心、谈话）收集信息，征求建议	1	2	3	4	5
4	我的直接领导致力于营造谏言氛围，鼓励提出建议	1	2	3	4	5

	题项内容	同意程度				
5	我的直接领导会听取各方的意见和建议，包括上级、同事、客户、下属等	1	2	3	4	5
6	我的直接领导会虚心听取不同于自己主张的意见和建议，特别是批评意见和建议	1	2	3	4	5
7	我的直接领导是一个乐于且善于倾听的人	1	2	3	4	5
8	我的直接领导会对收到的建议和意见进行分析和思考	1	2	3	4	5
9	我的直接领导会通过讨论各方意见，评判出合理化意见和建议	1	2	3	4	5
10	我的直接领导会与他人平等交换意见，不会随意贬低他人的想法	1	2	3	4	5
11	我的直接领导会接受和采纳合理化意见和建议	1	2	3	4	5
12	我的直接领导会将他人意见和建议付诸实践并及时反馈	1	2	3	4	5
13	我的直接领导会不断学习接纳新鲜事物	1	2	3	4	5
14	我很乐意在公司里长期工作，直到退休	1	2	3	4	5
15	我觉得公司面临的问题就是我自己所面临的问题	1	2	3	4	5
16	我对我的公司有很强的归属感	1	2	3	4	5
17	我对我的公司有"感情上的依恋"	1	2	3	4	5
18	在公司里，我觉得自己是这个大家庭里的一分子	1	2	3	4	5
19	这个公司对我来说有着很多的个人意义	1	2	3	4	5
20	总体而言，我对自己的工作感到满意	1	2	3	4	5
21	我大体满意从这份工作中得到的成就感	1	2	3	4	5
22	对于在这个岗位从事的工作，我大体感到满意	1	2	3	4	5

二、请根据您的实际情况对下列描述进行判断，并在相应的数字上打"√"。（1＝几乎没有，2＝偶尔，3＝一般，4＝比较频繁，5＝几乎总是）

	题项内容	频率				
1	我向直接领导提出解决员工需求和问题的想法	1	2	3	4	5
2	我会就如何使组织变得更好提出自己的建议	1	2	3	4	5
3	我会指出工作没有被有效完成的相关问题	1	2	3	4	5

附录6 实证研究调查问卷

员工问卷

尊敬的朋友：

您好！

感谢您拨冗参与这次关于组织行为的研究课题！

为了方便您的填写，特对本问卷进行如下说明：

一、我们的研究旨在发现组织（企业）的行为规律，您的填写没有对错或好坏之分，请您按照个人感知到的实际情况客观地填答。

二、本问卷所有数据仅作为科学研究使用，我们保证您的回答将严格保密，不会对您的生活和工作产生任何影响，请放心填写。

三、请您将完成填答的问卷直接交给研究人员或本单位工作人员。

四、请您在答题前认真阅读说明，并根据您的真实感受填写问卷。

衷心感谢您的支持与配合！

第一部分：基本信息部分（仅用于统计，请您完整填答）

请根据您的个人情况进行填写或在适合的选项上打"√"。

您的姓名：＿＿＿＿＿＿＿＿＿（请您真实填写，仅用于后续数据的配对，不会出现在除此之外的任何地方，不会泄露您任何信息）

您直接领导的姓名：＿＿＿＿＿＿＿＿（请您真实填写，仅用于后续数据的配对，不会出现在除此之外的任何地方，不会泄露您任何信息）

1. 岗位年限：＿＿＿＿＿＿ 年（在本岗位上的工作时间）

2. 性别：□ 男　　□ 女

3. 您的年龄：＿＿＿＿＿＿ 岁

4. 受教育程度：□中专（含高中）及以下　　□大专　　□本科
□研究生及以上

第二部分：主体问卷

请根据您在工作中的实际情况和真实感受对下列描述做出判断，并在相应的数字上打"√"。（1＝非常不同意，2＝基本不同意，3＝不确定，4＝基本同意，5＝非常同意）

	题项内容	同意程度				
1	我会就可能影响企业的问题积极思考并提出建议	1	2	3	4	5
2	我会积极提出对企业有利的新方案	1	2	3	4	5
3	我会就改善企业的工作程序积极提出建议	1	2	3	4	5
4	我会积极提出帮助企业达成目标的建设性建议	1	2	3	4	5
5	我会就改善企业运作积极提出建设性建议	1	2	3	4	5
6	我会及时劝阻企业内其他员工影响工作绩效的不良行为	1	2	3	4	5
7	我会就可能会造成企业严重损失的问题实话实说，即使其他人有不同意见	1	2	3	4	5
8	我敢于对企业中可能影响工作效率的现象发表意见，即使这会使他人难堪	1	2	3	4	5
9	当企业内出现问题时我敢于指出，即使这可能会损害我与他人的关系	1	2	3	4	5
10	我会积极向领导反映工作中出现的不协调问题	1	2	3	4	5
11	我的直接领导会主动征求和收集意见与建议	1	2	3	4	5
12	我的直接领导通过正式渠道（如开会、座谈、邮箱、意见箱、调研等）收集信息，了解情况	1	2	3	4	5
13	我的直接领导通过私下沟通（如谈心、谈话）收集信息，征求建议	1	2	3	4	5
14	我的直接领导致力于营造建言氛围，鼓励提出建议	1	2	3	4	5
15	我的直接领导会听取各方的意见和建议，包括上级、同事、客户、下属等	1	2	3	4	5
16	我的直接领导会虚心听取不同于自己主张的意见和建议，特别是批评意见和建议	1	2	3	4	5
17	我的直接领导是一个乐于且善于倾听的人	1	2	3	4	5
18	我的直接领导会对收到的建议和意见进行分析和思考	1	2	3	4	5

	题项内容	同意程度				
19	我的直接领导会通过讨论各方意见，评判出合理化意见和建议	1	2	3	4	5
20	我的直接领导会与他人平等交换意见，不会随意贬低他人的想法	1	2	3	4	5
21	我的直接领导会接受和采纳合理化意见和建议	1	2	3	4	5
22	我的直接领导会将他人意见和建议付诸实践并及时反馈	1	2	3	4	5
23	我的直接领导会不断学习接纳新鲜事物	1	2	3	4	5

再次感谢您的支持与配合！

领导问卷

尊敬的朋友：

您好！

感谢您拨冗参与这次关于组织行为的研究课题！

为了方便您的填写，特对本问卷进行如下说明：

一、我们的研究旨在发现组织（企业）的行为规律，您的填写没有对错或好坏之分，请您按照个人感知到的实际情况客观地填答。

二、本问卷所有数据仅作为科学研究使用，我们保证您的回答将严格保密，不会对您的生活和工作产生任何影响，请放心填写。

三、请您将完成填答的问卷直接交给研究人员或本单位工作人员。

四、请您在答题前认真阅读说明，并根据您的真实感受填写问卷。

衷心感谢您的支持与配合！

第一部分：基本信息部分（仅用于统计，请您完整填答）

请根据您的个人情况进行填写或在适合的选项上打"√"。

您的姓名：＿＿＿＿＿＿＿＿（请您真实填写，仅用于后续数据的配对，不会出现在除此之外的任何地方，不会泄露您任何信息）

1. 岗位年限：＿＿＿＿＿ 年（在本岗位上的工作时间）

2. 性别：□男　□女

3. 您的年龄：＿＿＿＿＿岁

4. 受教育程度：□中专（含高中）及以下　□大专　□本科 □研究生及以上

第二部分：主体问卷

一、请根据您在工作中的实际情况和真实感受对下列感觉的频率进行评价和判断，并在相应的数字上打"√"。（1＝非常不同意，2＝基本不同意，3＝不确定，4＝基本同意，5＝非常同意）

	题项内容	同意程度				
1	我在工作中总是感到很无聊	1	2	3	4	5
2	我觉得自己的能力与我所做的事完全匹配	1	2	3	4	5
3	我清楚地知道自己想要实现什么，以及需要做什么才能达到目的	1	2	3	4	5
4	我对自己的表现好坏有着清晰的认知	1	2	3	4	5
5	在工作中我总是全神贯注	1	2	3	4	5
6	在工作中我有一种完全控制的感觉	1	2	3	4	5
7	我做的事让我感觉非常愉快	1	2	3	4	5

二、请您回忆您的某个下属，依据该员工的实际情况对下列描述做出判断，并在相应的数字上打"√"。（1＝非常不同意，2＝基本不同意，3＝不确定，4＝基本同意，5＝非常同意）

员工姓名（代码）：

	题项内容	同意程度				
1	这个下属提供的信息帮助我实现个人目标和成就	1	2	3	4	5
2	这个下属表达的知识有助于提高我的个人成长和幸福感	1	2	3	4	5
3	总的来说，这个下属提供的信息促进了我的个人成就	1	2	3	4	5
4	这个下属提供的信息限制了我实现个人目标和发展	1	2	3	4	5
5	这个下属向我提出的问题阻碍了我的个人成长和幸福感	1	2	3	4	5
6	总的来说，这个下属提供的信息阻碍了我的个人成就	1	2	3	4	5
7	我很喜欢这个下属	1	2	3	4	5
8	我和这个下属相处得很好	1	2	3	4	5
9	我很高兴可以管理这个下属	1	2	3	4	5
10	我想这个下属会成为我的好朋友	1	2	3	4	5

再次感谢您的支持与配合！

致谢

　　十年的时光很长，假如能够活到八十岁，这已经是我整个人生的八分之一。十年的时光很短，不过眨眼间，就要面临离别。时光荏苒，我在中南财经政法大学一晃就待了十年。十年之前，我不知道你，你不属于我，只是因为在《高考志愿填报指南》上多看了你一眼，再也无法忘掉你的名字，于是结下这十年之缘。十年之间，我慢慢了解你，你慢慢熏陶我，我感受着你的魅力，你见证着我的成长；十年之后，尽管你仍然不属于我，但我却属于你，虽然我即将远去，但仍然可以相互问候，只是不能常伴左右。从本科到硕士再到博士，我在中南财经政法大学的身份变了；从环湖公寓 7 栋到 8 栋再到 13 栋，我生活的地点变了；从文泰楼、文澜楼到文添楼再到文潭楼，我学习的教学楼变了；经历了本科和硕士毕业，我身边的同学也变了……

　　十年间有太多太多的变化，但不变的是中南财经政法大学学子的身份和自豪感，不变的是十年如一日对中南财经政法大学的爱。此前我感受着本科和硕士同学的离别情绪，心中并没有太大涟漪，因为我知道两个月后我又会重新回到这里，还是熟悉的土地，还是熟悉的老师，还是熟悉的一草一花一木。但是这次是真的要对这片我热爱的土地说再见了，纵有千般万般不舍，小鸡总要离开母鸡的庇护才能学会成长，雏鹰总要离开巢才能学会振翅高飞。十年光阴，在学校环境的熏陶和老师们的谆谆教导下，我从一个靠父母养活的懵懂年少的高考毕业生，摇身一变成了一个掌握某项生存技能的博士毕业生；在生活的不断洗礼下，我从一个懵懂无知的少女摇身一变成了一个坚强知性的母亲。我对这期间所经历的一切唯有感谢。感谢中南财经政法大学提供了这片学习的沃土，感谢自己的不懈坚持和努力，感谢在学校遇到的所有老师和同学，感谢父母的支持与爱，感谢伴侣的理解与宽容……

首先，我要感谢我的博导韩翼教授。早在硕士期间我就上过您讲授的管理研究方法课程，您儒雅的气质深深感染着我们这些学生。后续又在一些学术讲座上看见您的身影，印象最为深刻的便是您当时请了华中农业大学的一位年轻老师来做 Mplus 软件操作的讲座。您对新知识的追求和对学术的热爱触动了我。2016 年下半学年，机缘巧合之下我了解到您尚无属意的博士申请者，于是便壮着胆子拿着简历到您的办公室找您，希望能够在您的指导下完成博士阶段的学习。让我惊喜的是，整个过程非常地顺利，您还创造机会让我早点融入您的学术团队，参加您的研究课题。在硕士毕业之际，为了让我快速了解和掌握与研究方向、研究主题相关的文献和知识，您让我从毕业的同门那里接手国家社会科学基金项目的结项工作，我知道这是对我的肯定和信任，这也无疑让我快速成长起来。

博士入学后，相关文献的大量阅读加上您的无私指导，使我对博士三年有了初步规划，也慢慢学会思考如何结合您的课题寻找自己的研究方向。尽管在我入学后差不多三个月您就参加了援疆项目，但您一直非常关心我的学习情况，时刻线上督促，支持我参加各种学术活动和研究方法研讨会，并在学术思想上时刻与我保持交流。在您的学术底蕴和学术热情的深深感染下，我对学术和科研又有了更深的体会，您丰富的知识储备以及对前沿研究的敏锐性让我敬佩。每次与您交流都是一次思想上的碰撞，会使我激发出智慧的火花，仿佛一束温暖的阳光照耀在黑暗中，给予我源源不断的学术能量，让我深受启发。除了学术上的启发和指导，生活上您也十分包容，这一点令我非常感动。2018 年的意外怀孕打破了我原本沉静的学习生活，在确定这一消息时我内心非常惶恐，想到这件事肯定会对我的学习产生影响，我非常害怕您因为此事而心有芥蒂。但事实上，在我忐忑地将这件事告知您时，您的回复让我不安的心顿时变得安稳。当然我也知道您内心肯定或多或少也存在着一些无奈。但事已至此，我唯有后续更加努力，争取顺利毕业才是对您最好的报答。您给予了我很多学术资源，在您的帮助和指导下，我最终获得了毕业资格，能够在这里抒发对您的一片感恩之心。这三年里，如果不是您的无私指导和竭力帮助，就没有今天的我。您亦师亦友，不仅教会了我如何做学术，也教会了我如何在社会上自处。尽管即将离开校园，离开您创造的那片学术海洋，还是希望在未来的日子里依然能够得到您的指点，能够有资格和水平与您畅谈学术。

其次，我要感谢导师组和学院其他老师的指导和付出。每一次课堂的精彩展示都包含了任课老师们的心血，你们毫无保留地将知识传授给每一位上课的学生，希望能够给我们未来的学习和工作增添砝码。不管自己是否为其导师，只要学生有问题你们都乐意解答和指导，帮助学生成长。在开题答辩和预答辩中，导师组成员尽心尽力，尽可能地指出其中的问题，让我们有更多机会和自信通过论文盲审。还要感谢学术达人汤一鹏老师，每次我遇到学术困难向您请教时，您总是非常耐心地解答。感谢他们在培养我们的过程中付出的辛劳。另外，还要感谢学院的每一位行政老师，尤其是辅导员姜倩倩老师。对于我们的每一次咨询和每一次寻求帮助，他们都十分耐心地解答或给予解决办法。在答辩前的那些日子里，由于疫情原因，很多事只能线上沟通和解决，姜老师不厌其烦，切实为学生们解决问题，传达每一条信息，真是辛苦您了。

再次，我要感谢我的硕导赵君老师和硕士同门师姐鄢苗。一日为师终身为师，更何况您还总是以兄长的形象时刻关心着我的学习和生活。尽管已经硕士毕业，但在博士期间我还是在硕士学习的基础上与您合作了几篇论文。在论文修改的过程中，您教授给我的学术技能让我获益匪浅，促进我快速成长。每次见面您都会问我的学习和论文进度，并与我交流学术心得，正是在您和博导韩翼老师的悉心教导下才有了现在的我。我的硕士同门师姐鄢苗在生活中对我格外照顾，在我怀孕的那段时间，你在心理上疏导我，在生活上照顾我，就像亲姐姐一样，真的非常感谢你的陪伴和鼓励，这样的友谊必将天长地久，激励我不断成长和进步。

另外，我要感谢韩家班的每一位成员和我的博士同学。在韩家班这个大集体中，我感到非常温暖。博士毕业论文的成稿也离不开你们的帮助，尤其是在定性研究的编码和实证研究的数据收集上。每一周的学术交流会也让我获益良多。感谢你们的无私帮助和关心，让我在这个温暖的大家庭中度过美好的三年时光。我的博士同学也给予了我非常多的照顾和关心，非常感谢你们的付出，希望我们都能在未来的道路上越走越好。

最后，我要感谢我的家人。作为地地道道的农村孩子，我深深体会到"知识改变命运"这句话的含义。感谢我的父母，是他们先进的教育思想成就了今天的我。"再穷不能穷教育""只要你肯读，只要你有能力读，我们砸锅卖铁也支持"，感谢他们对教育的重视。在本科三年级的时候面临继续读研和找工作的选择，我打电话给爸妈，他们说"不要考虑钱的事，不要怕没钱，现在家里就你一个孩子读书了，还能供不起吗？"那一刻我哽咽了，内心充满了感动。读硕士时，对于读博这件事我内心十分摇摆，打电话给爸妈，他们斩钉截铁地说"读"，让我那飘浮不定的心顿时坚定起来。感谢他们默默无闻的付出和支持，感谢他们给予我信心，让我在学习的道路上越走越远、越来越坚定。感谢爸妈在我生孩子前后对我的照顾，是你们让我有勇气同时承担起学生和母亲这两个角色。"你陪我长大，我养你到老"，现在女儿已经学有所成，有能力报答你们的养育之恩。希望你们在未来的日子里身体健康，在女儿的陪伴下幸福到老。

除了父母，我最要感谢的是我的老公。自从结婚以来，你一个人承担起家庭的经济重担，每天辛苦工作，只是为了给我们的小家建立一定的经济基础。你付出一切支持我的学业，维护我们的小家，能够嫁给你是我一辈子最大的幸福。孕晚期，你辞去工作在家陪我，跟我一起迎接小生命的到来。孩子出生后，你寸步不离地照顾我和孩子，调和家庭关系，辛苦了。2019年，为了支持我继续学业，你更是跟随我来到武汉帮忙带孩子，让我能够安心学习。这一切的一切我都记在心里，风雨同舟，未来的我们必然能够战胜一切挫折，过上我们向往的幸福生活。另外，还要感谢我的公公和婆婆，你们放弃家里的一切到武汉来帮我们带孩子，这才能让我有足够的时间继续学业，这份恩情我不会忘怀，以后定会像对待亲生父母那般孝顺你们。

需要感谢的太多太多，感谢生命中遇到的一切人和事，感谢自己的努力与坚持。二十几载的在校学习生涯告一段落，我即将步入新的人生阶段。"三十而立"，希望在后面的几年里自己在工作中能够有所成就，能够对父母和家庭负起属于自己的那份责任。三年的博士生涯完美落幕，唯一遗憾的是当时因为疫情原因没办法再参加一次毕业典礼，不能与韩家班同门和老师们一起把酒言欢。聚散终有时，再见亦有期！

"长大后，我就成了你。"如今我也如我的硕导、博导一样成了一名高校教师，承担着教书育人的责任和使命。在日后的工作中，我将继续向他们以及其他优秀教师学习，不断修炼，提升自己的专业技能。坚守初心，砥砺前行！

肖素芳

桂林电子科技大学相思湖畔

2023 年 8 月